U0745748

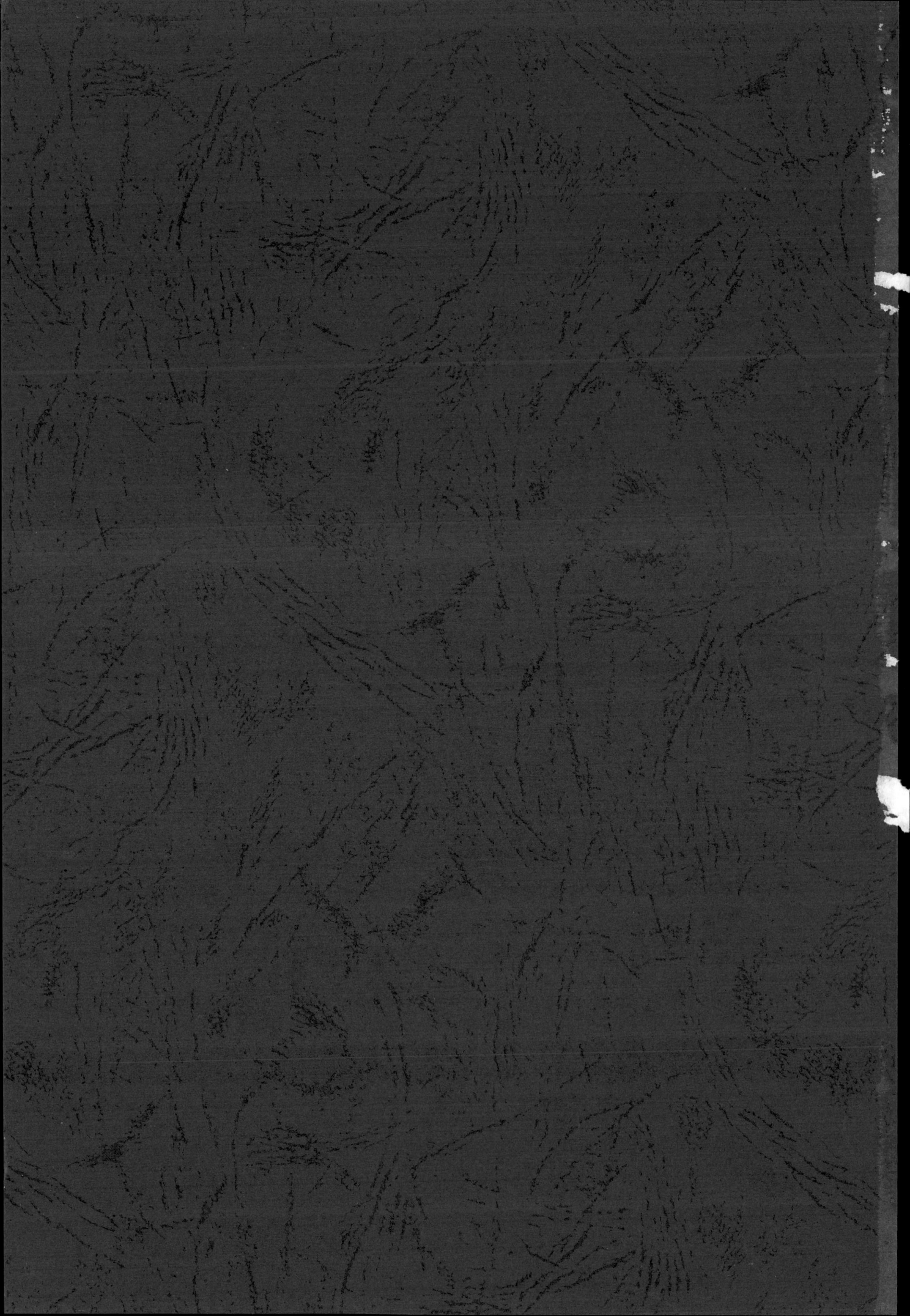

· 民间收藏精品丛书 ·

中国古青铜器
新　探

Rediscover The Ancient Chinese Bronze

丛书总主编：许　明
本分卷主编：余念忠　纪　宇

上海社会科学院出版社

图书在版编目（CIP）数据

中国古青铜器新探 / 余念忠等主编. 上海：上海
社会科学院出版社，2011
ISBN 978-7-80745-832-6

I ①中… II .①余… III .①青铜器（考古）-研究-中
国 古代 IV .①K876.414

中国版本图书馆CIP数据核字（2011）第064004号

中国古青铜器新探

丛书总主编: 许　明
本 卷 主 编: 余念忠　纪　宇
责 任 编 辑: 夏　宁
设 计 制 作: 闵　敏
出 版 发 行: 上海社会科学院出版社
　　　　　　上海淮海中路622弄7号　电话 63875741　邮编 200020
　　　　　　http://www.sassp.org.cn　E-mail:sassp@sass.org.cn
经　　　销: 新华书店
印　　　刷: 上海书刊印刷有限公司
开　　　本: 889×1194 毫米　1/16开
印　　　张: 7.5
字　　　数: 360千字
版　　　次: 2011年9月第1版　2011年9月第1次印刷

ISBN 978-7-80745-832-6/K ·118　定价: 58.00 元

版权所有　翻印必究

丛书总顾问：

李辉柄　故宫博物院研究馆员

孙学海　原国家文物鉴定委员会委员

栾秉璈　中国宝玉石协会副会长

朱　震　中国收藏家协会学术研究科学检测实验室主任

朱伯谦　原中国古陶瓷研究会副会长、浙江省文物考古研究所研究员

余家栋　中国古陶瓷研究会副秘书长、江西省文物考古研究所研究员

赵青云　中国古陶瓷学会副秘书长、原河南省文物考古研究所研究员

熊传薪　原湖南省博物馆馆长

蒋文光　原国家博物馆研究员、国家文物鉴定委员会委员

范　勇　四川大学考古系客座教授、四川大学博物馆客座研究员

张山跃　全国高科技投融资委员会副主任

董寓榕　北京中嘉国际拍卖公司总经理

丛书总主编：

许　明　上海社会科学院研究员、博士生导师

丛书总编委：

郭南凯（上海）	余绍尹（浙江）	李秋秋（贵州）
余念忠（上海）	陈梅铭（浙江）	潘祖林（贵州）
柏　麟（上海）	黄　震（浙江）	盘卓祺（广东）
卢志禹（上海）	牛三红（浙江）	幸永乾（广东）
刘　明（上海）	余　钧（浙江）	杨宝鼎（湖北）
杨荣辉（上海）	姜俊杰（浙江）	吕志坚（云南）
李嘉乐（上海）	姜培育（江苏）	赵根山（云南）
方　鸣（北京）	吴盐吉（江苏）	白义荣（台湾）
郦建国（北京）	阙和民（江苏）	李伯谚（台湾）
徐　强（北京）	王友义（河北）	
陈立建（北京）	王连江（河北）	
李　华（北京）	纪　宇（山东）	
张兆祥（北京）	乔远征（山东）	
张小兵（北京）	李连昌（贵州）	

本卷编委会：

主　　编：余念忠　纪　宇

编　　委：李连昌　李洪安　隋立川　张毅强　田丰计

器物摄影：卢志禹

责任编辑：王炜麦

特邀编辑：张腾腾　吴苾箕o

导言：青铜之殇

余念忠

中国古青铜器的现状很严峻！

中国古青铜器的这份厚重和一切与之有关的沉重话题，究竟有几人能够明白？

长期以来，受文物法的制约和种种人为因素的干扰，流散在民间的青铜器得不到善待，以致大量流出国门，令人扼腕叹息。且不说坊间的种种传闻，就看下面一则媒体摘要便可略知情况的严重性：

"曾轰动全国的2002年'3.25'安徽走私文物特大案（下称'3.25'案）的最后一个涉案人员王凯被押上合肥市中级人民法院受审。此案是一个以安徽寿县人杜敏为核心，劣迹遍布全国十余个省份及港澳地区的特大倒卖、走私青铜器文物犯罪团伙所为。此案共追缴和扣押各类涉案文物417件，其中国家一级珍贵文物13件、二级珍贵文物32件、三级珍贵文物83件、一般文物289件，追缴的文物数量之多、出土涵盖范围之广、珍贵程度之高，为40多年来国内罕见……。"

上述"3.25"案件，仅是近30年来文物走私的冰山一角。但在其背后，有很多值得深思的东西：一个以在全国到处收购青铜器为主的犯罪集团，为什么持续作案长达十年之久，其行为一直不被注意？流散在民间的大量国宝级青铜器，为什么没有专业的"火眼金睛"去发现、去抢救？除了上述个案追缴到的部分文物以外，案内外还有多少珍贵文物没能追缴？流出境外的又知多少？个案之外，还有多少未发现的类似案件？相对于国家文物源源不断地外流，国有制博物馆和文物机构，在那么长的时间段里又有何作为？解放初就已经建立的藏品

征集机制，为何在文革后变得形同虚设？！

在国外，众多博物馆馆藏青铜器在不断增加，重量级的拍卖品也屡屡现身世界各大拍卖行，并天价成交，请试想：难道那些流散在国外的文物都是流传有序的合法之物？2006年，中国海外寻宝组造访了日本一家著名的QW博古馆，其收藏的大量青铜器质量之高，品种之稀，令人瞠目，如商周的神人纹双鸟鼓、虎食人卣、鸱鸮卣、西周时期的鱼尊、凤纹尊、凤纹方壶等不下数百件，被国内大媒体颂为奇观；另一家日本MX馆的藏品，有着数量众多、品质超群的错金银青铜器，看了真让人触目惊心。外国人能认得出这些中国古代青铜器的精华，大量地弄去国外，而国内有关部门却是一派无动于衷，据新闻记者调查，在国内改革开放30年中，只在全国海关中抽出四家海关，按4%的一天抽查率，就查出来了走私文物15500余件，这其中又是什么原因？

在国内，博物馆藏品以及出土物虽然得到很好的保护和研究，但是藏品的数量和质量基本上保持着几十年前的状态，鲜有精品、奇品补充，不思提高、不考虑更新，也更谈不上进一步弘扬中国青铜文化。与国外众多机构甚至个人对每一件青铜器的无限兴趣形成鲜明的反差，国内这边不但不引以为戒，反而是持续发酵着形成外流的条件。至今为止，民间的藏品一直得不到实质性的认可，更存在进一步流失的危险。而且，扭曲的观念使得在国内正规的拍卖场合，民间收藏的国宝级的青铜器也难被认可，不断流拍、遭贬。国外的强烈需求导致国内青铜器大量地廉价外流，廉价外流物在国外市场的升值又演变为国内对每一件回流品的盲目追捧，形成了一个不可思议的怪圈。面对如此触目惊心的现实，重视青铜器、了解青铜器、抢救青铜器、保护祖先留下的这份珍贵遗产已是一件迫在眉睫的大事。

我们欣喜地看到，也有不少老一辈的专家们为抢救珍贵文物作出了不懈的努力。比如孙学海先生，在"文化大革命"时期抢救的大量各类文物中，就包括数量极为可观铜器类。当时，孙学海同清查组一起，从通县铜厂、宋庄炼铜厂、鸭子嘴金属提炼厂、广安门外铸造厂处等抢救出珍贵的青铜器达110多吨。在2009年2月23日的上海，孙学海先生、熊传薪先生、朱震先生共同认定了民间收藏家汇集的一批珍贵的青铜器，并安排在上海南汇博物馆对社会公开展出，为抢救青铜器做了具体的实事。我们更欣喜地看到，在全国有一群民间收藏家在行动，以民间收藏家为核心的平台已经构成，中华疑似文物保护委员会的成立预示着改变不正常的文博怪象已是必然趋势。

我们坚信，会有越来越多的人参与抢救国宝的行动。抢救国宝，不分官方民间，不限时间早晚，不论数量多少，越早行动，损失越少。

目 录

青铜岁月

余念忠／撰文摄影

一、从青铜器中读出的历史

青铜器，主要指夏、商、西周、春秋、战国、汉这一段时期的青铜器皿。自汉以降，青铜器便被铁器、陶器的大量替代使用而渐渐淡出历史舞台。以汉代作一个分界，来划定青铜器的讨论范围较为合适。

国内博物馆的这类青铜器，一直占据着举足轻重的地位。被定为国家一级文物的也不在少数。而在国外的博物馆里，凡是这一类青铜器，一定被列在极其重要的位置，备受推崇。同中国的玉文化、丝绸文化、瓷文化、茶文化一样，中国独特的青铜文化在世界上得到公认，这并非偶然事件。作为人类文明发展史上的一座丰碑，中国青铜器是属于全人类的共同财富。有鉴于此，着力探寻青铜器承载的历史、弘扬青铜器璀璨的文明、领略青铜器不朽的艺术，已经成为全世界有识之士的崇高追求。

青铜器的高贵地位是由青铜器的综合价值所决定的，是由其科研价值、文化价值、艺术价值、经济价值、史学价值等多方面因素所构成的。就目前的考古看，两河流域的铜器文化虽早于中国，但中国青铜文化更辉煌，综合价值最高。青铜实物的不断被发现，证明无论在质量上还是在数量上，中国青铜器都远远领先于两河流域铜器。在实物的表现形式上，中国青铜器当属古代世界金属铸造技术的最高水平。在文化内涵上，中国青铜器更是独树一帜，傲居世界第一。

大量留存的青铜器铭文和复杂多变的器型、纹饰构成了诸多人类文明的单元。相对于另一种文明载体的殷商甲骨文，青铜器铭文更是一种创举，在人类文明发展史上出现的这种特殊的实物载体，可谓中国金属制造文明和中国文字文明完美的结合。迄今为止，已经解读的铭文有很多，没能解读的铭文也很多。所有的铭文都极其珍贵，都具有重要的史学价值。

比如，关于重要的夏商周的断代问题，靠青铜器铭文得到了最合理的推论。根据夏商周断代工程专家的不懈努力，在青铜器铭文上找到了线索，经过反复推敲"利簋"上的铭文，得出的结论将数十种不同的说法归于统一。武王克商的具体年代之所以几千年来没有一个公认的结论，就是因为中国古代的文献记载很多，而且很不一致。武王克商时的天象记载，是推定武王克商时间的重要依据。可是，《尸子》说武王克商时"岁在北方"；《淮南子·天文训》则说"东面而迎岁"。直到1976年，出土的利簋才将武王伐纣时的天象问题确定了下来。利簋上的铭文刻有"岁鼎克闻夙有商"的句子，此句经学者解释为"岁（木）星正当其位，在周的星土鹑火"。由于出土青铜器是最可靠的史实依据，所以，夏商周断代工程采纳了这个说法。在此基础上，再从克商年代的可能范围内，天文专家们进行了回推，逐一排比不同的月相与克商年代的对应关系，《国语·周语》所记伶州鸠语的每月情况进行分析和排列，最后再用"岁在鹑火"作为筛选条件,得到公元前1046年这个最为合理的结果。

再如断代，考古专家在山西晋侯苏的墓中出土的16件编钟上，依据铭文所记"唯王卅又三年……正月既生霸戊午"等，判明这个青铜器是在这位晋侯执政33年中铸造的。西周晚期在位超过33年的只有厉王和宣王，经过与文献的比对，晋侯编钟应该是周厉王时期的器皿。这个推算与晋侯墓中样品的测年结果也十分吻合，验证了《史记·周本纪》中厉王在位超过30年，有37年的说法。根据厉王三十七年即公元前841年，得到厉王元年为公元前877年。再依据这个时间下推到厉王三十三年，这一年的月相与编钟上面的月相记载也大致相符。厉王的在位年代就确立为公元前877年 公元前841年，以此确立了共和元年的关键性时间节点。

体现"诗书礼乐"内容的实物载体：

由安徽省陆安王陵出土的青铜壶上所刻的铭文得知：（一）墓主的身份为汉代陆安王刘庆。（二）有了青铜礼器在汉代依然盛行的实物证据，有了符合汉代特点的确切礼器器物实样。（三）铭文结合陵墓采用的"黄肠题凑"的葬式，向人们提供了帝王礼制文化明确的证据，从中可看到汉武帝在分封诸侯问题上恩威并施的高度智慧（刘庆之父刘寄参与谋反未遂，汉武帝非但不追究刘寄的不忠，反而加封刘寄的儿子刘庆为诸侯王。汉武帝安内攘外的治国方略、大汉国的强盛，在刘庆的厚葬中可见一斑）。（四）从不同于先秦篆书的铭文的字型结构看到了汉字书法明显的演变过程。

1978年在今湖北省随州市出土的64件春秋时期曾侯乙编钟，这套编钟在沉睡地下2400年后，依然可以完美演奏出5个半八度的宽广音域。简言之，中国2400年前的编钟的音域表现程度堪比欧洲18世纪发明的钢琴！这体现了当时中国乐制文化的高度发达。"礼乐相须为用，礼非乐不行，乐非礼不举。"的说法，有了充分的实物证明。美国纽约州立大学，音乐史权威学者麦克莱茵教授著文称之为"世界第八奇迹"。这个重要的实物载体，最具典型意义，最能体现中华文明水准。

完善历史文献记载的实物载体：

历史上误记的"秦宁（宁）公"实际上应为'秦憲（宪）公'，将'憲'讹为'宁'的事实在出土青铜器上得到证实。《史记·秦本纪》以及《辞海》均中记作"宁公"，而《秦始皇本纪》中又记作"憲公"。1978年1月宝鸡县杨家沟太公庙出土的秦公钟和秦公鎛铭文135字看，记述了秦襄公受封，秦文公至宪公世系及秦武公的政绩，这里只有一个"憲公"而没有"宁公"。青铜铭文最真实地还原了历史本来面目，又反证了原有文献记载的总体可信度。

当然，青铜器铭文内容相当广泛，不胜枚举。其内容还包括战争、祭祀、通婚等重要信息，甚至还有在青铜器上铸上文字作为礼送物、陪嫁物从一地流向另一地的情况。如曾侯乙墓出土的鎛钟上所刻铭文记载了楚王送曾侯乙鎛钟的内容，忠实记录了两国国君礼尚往来的历史。河南省商水县朱村出土仲箟上所刻铭文记载了作箟当陪嫁物的一种传统习俗。器物的流动这个情况，在当今区分南方青铜器和北方青铜器的时候，就有很大的参考价值。

二、青铜文明的巅峰时代

根据零星的出土的记载，龙山文化时期就有青铜器问世，但具有典型意义的还是夏代青铜。

二里头的考古，发现了最早的夏朝城池。然而，一些西方学者认为，周代文献中论述的夏人的活动很可能是周人出于政治目的而编造的，不能尽信；再者，二里头文化的水平还不足以证明"文明"的发生。西方学者认为，除非能够在二里头遗迹发现文字、青铜器或者任何文明的标志，否则史前和历史时期的基本分界线还是商朝。

在河南堰师二里头出土的大量的青铜器，证明了文献的可靠性，确立了夏朝文明的事实。从大型的青铜作坊遗址看来，夏朝青铜器制作已经具备相当的规模，制作水平也令人赞叹。夏朝的青铜器很多光素无纹饰，但有些会有一排类似联珠的乳钉状纹饰，有的会有圆饼状突起。此外，其他部分是抽象的饕餮纹、弦纹、云雷纹、涡纹、网格纹等几何纹也是常用的纹饰。在实用的基础上，对美的追求已见端倪。

夏朝出现的青铜礼器和兵器这两大类，基本上已能满足当时社会宗教礼仪、宗族械斗（宗族械斗即战争）、生活实用等多方面的需求。比起石器时代的原始器具，青铜器在文治武功两方面的功能性应用上，同时向前跨越了大大的一步。以礼器和兵器为主的夏青铜，一直对以后的商代、西周、春秋、战国的青铜文化乃至社会历史进程都产生巨大的影响。那时"国之大事，在祀与戎"，各国往往倾一国之力造青铜器，正是出于祭祀和征伐的需要，随着礼器、兵器的制造，编钟、铜鼓等乐器也渐渐发展起来了。一切都在"礼乐征伐，自天子出"的社会文化层面上应运而生。青铜文化的诞生以及发展延续，深刻地影响了历史进程。典型的例子为先进的青铜制造技术助秦统一中国。秦王嬴政一方面继续贯彻先祖注重祭祀礼仪，凝聚民心的国策，利用青铜器礼器的功能为执政服务，另一方面更利用先进的强弩、特大型铜镞、超长的铜矛，最终克敌制胜，统一中国。无论祭祀礼器还是打仗兵器，都和夏朝高起点的青铜器制造技术的传承发展密切相关。从秦兵马俑坑出土的 4 万余件青铜兵器，无不显示出秦人高超的青铜器制造技术。秦国的兵器工匠较好地解决了金属工艺上的问题，如大大提高了铜兵器的柔韧性，克服了青铜兵器容易折断的弊病，做到可以使青铜剑极度弯曲而不折，甚至能自然恢复原状且平直如初，犹如现代的记忆金属；加工的精密度提高，可以使铜箭镞的命中率更高，通过测量大量出土青铜箭镞、青铜剑，发现每器各棱面之间的误差小于一根头发丝，这使我们不禁惊叹，现代军事科学研究中尚且认为很复杂的空气动力学技术，竟能在中国古青铜器制造上得到如此完美的

应用。所以说，隐藏在青铜器里的科技含金量和青铜器的铸造技艺，是不能随意评估、随意作出结论的。秦始皇统一中国，青铜器所起的作用不能低估。靠冷兵器征伐立国的时代，掌握先进兵器制造技术的一方无疑是具有强大优势的。中国古青铜兵器的金属工艺技术，正是在那时达到了巅峰，却也是最后的绝唱。在黄土下沉睡了2000多年的许多器物，出土时依然光亮如新，器物纹饰完美无损，兵器刃口锋利无比。有科研人员测试后认为，当时采用了铬盐氧化处理技术，这一观点在世界上引起轰动。因为这种铬盐氧化处理方法，是直到近代才出现的先进工艺，德国在1937年，美国在1950年先后发明并申请了专利。也有科研人员认为是水的作用使长期浸于水中的青铜器保持不锈，这有从河中捞出的商代青铜器不锈的实例（安徽省博物馆藏），也有水坑墓葬中出土的越王剑的实例（湖北省博物馆藏）。总之，古青铜铸造的神秘技艺，令自认为技术发达的今人叹为观止。夏朝青铜器的铸造工艺虽显初级，器形、纹饰相对简单，但很重要的是，从偃师出土的铜爵看，其器壁仅厚1毫米许，且通体厚度均匀，这种高超的铸造技术即便以今人的标准来评判也是值得赞叹的。以后各代的青铜文化的辉煌成就，正是在此高起点上进一步发展起来的。可见，夏代青铜文化对后世的影响之深刻不容置疑。

到了商代，青铜器的成就已是空前绝后。对大量留存下来的实物分析，商代青铜器，制作技术已经达到一个新的高度。

根据考古文献，殷墟文化的考古分期一般分四期（采用学者邹衡的说法）。第一期自盘庚至小乙，第二期自武丁至祖甲，第三期自廪辛至文丁，第四期自帝乙、帝辛。《史记·殷本纪》载盘庚至武丁时较详，至阳甲时，殷衰，盘庚五迁，至小辛复衰，只是自武丁始才"殷道复兴"。而殷墟出土的青铜，应该属"殷道复兴"的武丁时期开始后的一段时期达到一个高度的产物。武丁的王后妇好墓出土的468件青铜器就是很好的证明。同期见证物不仅有

商代中原青铜器、还有四川广汉三星堆大量出土的青铜器和江西新干大洋洲出土的475件青铜器，代表性地呈现了那个时期不同地域的青铜文化特色。汉代以前包括江西在内的南方地区，在典籍和文献中，属于"荒蛮腹地"，正反鲜有记载。但是，江西新干大洋洲出土的大量的制作技艺不亚于中原青铜器的实例（此后在江西全省各地又发现了其他遗址200多处），有力证明了至少在汉代以前，包括江西在内的广大南方地区就已经高度文明发达了。这是既受中原文化影响，又具有地方特色的文明表象。特别令人惊讶的是，如今已收藏在广汉三星堆博物馆的大量出土青铜器，是完全独立于中原青铜文化的又一种地方青铜文化，不仅颠覆历来"南方蛮荒地"之旧概念，还留下了诸如纵目人之谜等大量历史悬念。且看所谓的"蛮荒地"创造的多个世界记录（三星堆博物馆资料）：世界上最早、树株最高的青铜神树，高度达384厘米；世界上最早的金杖，长142厘米，直径2.3厘米，重700多克，上有刻划的人头、鱼鸟纹饰；世界上最大、最完整的青铜大立人像，通高262厘米，重逾180公斤，被称为铜像之王；世界上最大的青铜纵目人头像，高64.5厘米，宽（两耳间相距）138.5厘米；世界上一次性出土最多的青铜人头像，面具，达50多件。

可以证明商代青铜器文化空前辉煌的还远不止这些。商代青铜文化的分布很广，根据公开的资料，有官方出土的商代早期二里冈、白家庄、张寨南街等地的墓葬或窖藏以及湖北黄陂盘龙城、安徽嘉山泊岗、江西清江等地出土的青铜器皿。发现的器型已经有鼎、鬲、觚、斝、罍、壶、甗、瓿、簋、爵、盘等。器形、纹饰已经复杂化。常出现的饕餮纹，为较粗犷简练的线条构成，纹饰布局稀疏，纹饰有阴雕和阳雕，浮雕较浅，光素地为主。商代中期，北京平谷刘家河、安徽阜南等地均有青铜器出土。器物既保持了某种商代早期的特点，又有较多的变化，以饕餮纹为主纹的纹饰已趋于精细，饕餮纹双目往往呈球面状鼓起，并出现了细密的雷纹为地。

纹饰线条轮廓较圆，立面凸起较浅。大量使用高浮雕装饰，并有铭文出现，也有似族氏徽记的纹样。商代晚期有山东益都苏阜屯商晚期墓群，山西的保德、陕西的清涧、吴堡等地，湖南以及广西也有出土。从保存完好，纹饰清晰的实物上看，这个时期浮雕轮廓线开始比较浅平，而后渐渐深陡。容器类上出现有较多出戟（或叫"脊"、"扉棱"）装饰。分布各地的出土实物，足以体现商代青铜文化在全国范围的盛行状况，可作为纠正"南方荒蛮之地"错误观念的最好实物教材。

西周初期的青铜器，以器形和纹饰而言，基本上承袭商人遗风，变化不很显著。只是青铜器铭文更加盛行。借助铭文，大大帮助后人确定了很多周朝初期的重要青铜器，有案可查的如武王时代的天亡簋、利簋，成王时代的何尊、保卣、献侯鼎、康侯鼎，康王时代的有盂鼎、小盂鼎、宜侯矢簋、旅鼎，昭王时代的有旅尊、旅觥、旅方彝、小臣宅簋等。西周初年和商代晚期的青铜器皿若要严格区分往往有一定难度，鉴赏角度不一的时候，分歧在所难免。如有铭文，或许可以通过能够解读的文字内容加以甄别，但有时虽有文字却不能解读，如要明确断代便是见仁见智了。商人的青铜器常被周人作为战利品继续使用，而后混合入葬；同时，周人按商人铸造青铜器的模式继续制造，可能很长一段时期保持商代器物的特征。所以不能仅凭墓葬年代简单决定出土器物年代。在无铭文参考的情况下，要区分是商或周（特别是商末周初），可以从以下几点作参考：

（一）对照官方出土的、有确切年代依据的青铜实物，同时也不能排除民间藏品的比对作用。

（二）对照官方出土的、有确切年代依据的同时代玉器、漆器实物，玉文化、漆器文化和青铜文化有同时代的文化基因，已经发现很多玉器、漆器有与青铜器类似的纹饰或器形玉器、漆器青铜器的相互借鉴是不可忽视的手段之一。

（三）根据主要纹饰特征的变化判断。如出戟纹饰，一般而言，商代的出戟突起较浅，无戟牙或戟牙短平，整体较单调。周代的出戟较夸张，戟牙更长，牙形弯曲复杂，镂空技法较为常用，出戟形状显得极其华丽。例如上海博物馆的癸古方尊，出戟精美的制作技法，至今仍然无法解秘。

（四）商代浮雕纹较浅，阴纹下陷不深；而周代浮雕文凹凸感强烈，浮雕层次分明，常有好几个层次为主的表现形式（有人称其为三层花，实际上有不止三层的），浮雕凸起的表面常运用中间凹陷的斜剔刀法，与同时期的玉雕斜剔刀法有相同之处，这种中间凹陷的纹饰和球形鼓起的纹饰交错搭配，形成强烈的反差，增强了纹饰视觉上的立体感。

（五）凡一器物上同时具有两种相连时代特征的，并无必要严格区分，大可参照国内外博物馆的惯例，划定一个大致范围，以避免牵强断代。比如商末周初、春秋战国等。就像国际上通行的对一些元末明初的瓷器，划定一个大致的时间范围这不应看作是什么问题。

西周中期青铜器纹饰开始起变化。具体表现：

（一）纹饰由繁到简。

（二）饕餮纹渐渐不太盛行。

（三）细密的雷纹渐渐省略。

（四）繁复的多层次浮雕渐渐单层次化。

（五）夸张的出戟装饰渐渐消失。

（六）铭文的内容更多更广泛。

尤其到了西周晚期，随着王室的日渐式微，青铜器的铸造受到影响，基本上处于发展的停滞状态，缺少可圈可点之处。尽管有颂鼎、虢季子白盘、毛公鼎等广为人知的重要器物，但是从注重铭文代替注重繁缛纹饰的现象我们看到了审美和实用的取舍变化轨迹。

西周覆亡，平王东迁洛邑，进入春秋时代，形成了大国诸侯争霸的局面。因此，王室和王臣的青铜器急剧减少，诸侯国的青铜器开始占主要地位。

春秋早期青铜器延续西周的形制，但也产生若干变化。纹饰布局趋向粗疏，制作不如前期精美，

细密的地纹基本不用，铭文字数也有减少。例如蔡侯匜、陈侯簠、曾大保盆、齐侯匜、郑伯盘、芮太子鼎、子仲姜盘、秦公簋等都有案可查。

春秋中期的制作有恢复精工细作的迹象。

春秋中晚期这一阶段出现一种新的红铜(合金)"涂金错"纹饰工艺，纹饰以表现狩猎的各种题材居多，伴有鸟虫形篆体文字，基本上摆脱了前期凝重的纹饰图案规律，形成比较自然、生动的构图形态，其构图的精美度到达一个极高的水平。这种风格延续到战国时代。鸟虫形篆体文字可细分为虫书、鸟书两种，但有时两种同时兼融于同一铭文中。书体笔画极尽逶迤盘曲之华美，中部鼓起，长脚下垂，首尾出尖，极具艺术美感【见文后图1（注：下图均附文后）】的春秋错金豆和春秋错金壶）。红铜"涂金错"也叫作错金。笔者认为，错金分为"涂金错"和"嵌金错"两种不同工艺。这个"金"是广义的概念，并不限于黄金的金。就拿青铜来说，不也被称为吉金么。"涂金错"是在器物表面直接涂上所需要的纹饰，以纹饰金属和器物金属不同的色泽反差来显示纹饰的美感。根据最新的检测结果得知，这种"涂金错"纹饰的材料确非黄金，是以铜为主、含有镍和其他微量金属成分的金属材料。图1的错金豆和错金壶，纹饰是以铜为主材料，色泽的表现为黄色。春秋战国时期有些青铜剑剑身上灰白、灰黑色的纹饰又非铜非金（如越王勾践剑），但也是和所有涂铜或涂金的器物一样，均属于"涂金错"工艺，只是所用材料不同。事实上，这一层菲薄的"涂金错"，并不因是否真金白银而影响整个器物的价值。涂金、涂银、涂铜、涂锡，无论以哪种金属为材料，均为因装饰审美的需要而被选择，并不因所涂错金属的贵贱而论等级。经笔者研究后确认，涂错纹极薄，金属用量极小。从磨损的金属纹饰的部位上看，并无预先刻制的纹样，在放大足够倍数后观察，纹饰下和无纹饰部位的平面高低完全一致，采用的是直接涂错的工艺（见图2）。"涂金错"工艺又作"金汞齐"工艺。之所以写作"涂

金错"，这是根据《说文解字》的解释："错，金涂也……。"那时所说的金银错，就是用金银为原料的涂画，或是以铅、锡、铜等其他金属为原料的涂画，并非单指黄金而言。《后汉书·舆服志》把在漆器上做金银图形的，叫"金漆错"。所以，为便于区别"嵌金错"工艺，特将"金汞齐"涂画工艺定义为"涂金错"工艺，将与此不同且常见的错金工艺定义为"嵌金错"。"嵌金错"工艺是在器物表面预制阴刻纹饰，然后再嵌入金丝或铸入金液后磨错至与器物表面高低一致，使之平坦光滑，纹饰显现。"嵌金错"工艺出现年代早于"涂金错"工艺，客观上也更易于被人理解。我国已故著名学者史树青于1973年在《文物》上发表了《我国古代的金错工艺》，主要就是谈这种方法。其制作分四个步骤：第一步是做母范预刻凹槽，以便器皿铸成后，在凹槽内嵌金银；第二步是錾槽，铜器铸成后，凹槽还需要加工錾凿，精细的纹饰，需在器表用墨笔绘成纹样，然后根据纹样，錾刻浅槽，这在古代叫刻镂，也叫镂金；第三步是镶嵌；第四步是磨错；金丝或金片镶嵌完毕，铜器的表面并不平整，必须用错（厝）石磨错，使金丝或金片与铜器表面自然平滑，达到严丝合缝的地步。"涂金错"工艺和"嵌金错"工艺属两个不同的工艺范畴概念，应该严格区分开来。至于"涂金错"工艺牵涉到的"金汞齐"，文献记载是否全面，在此不予展开。总体上，春秋中期青铜器纹饰开始逐渐改变了粗陋的风格，图象显得较为清新明快。早期抽象的甚至首尾不辨的动物纹，变得形象具体，但在纹饰刻画上远不到精细程度，早期的粗陋风格依在。

春秋晚期，随着各诸侯国的发展强大，生产力不断提高，青铜铸造业呈现出崭新的面貌。这一时期铸造的青铜器形制比较复杂，各个地区的器物也不尽相同，纹饰种类也甚多，纹饰又恢复精细、繁复的风格，盛行勾联交缠的、弯曲的各种龙蛇纹。实物以长江中下游地区诸侯国的为多，中原地区的反而少。铭文也以长江中下游地区诸侯国的为多，中原地区的少。除了礼器、食器外，青铜剑铸造技术在春秋晚期得到空前的发展，达到了登峰造极的地步。最为著名的是越王勾践剑。被誉为天下第一剑的勾践剑，于1965年出土，集功能性和观赏性于一体，精美的黑色菱形暗格花纹和具有楚文化特征的鸟篆文，采用了锡金属为材料的"涂金错"工艺，显得极为华丽，蓝色琉璃，绿松石的镶嵌工艺，增加了观赏性。更了不起的是历经2000多年几乎不锈，依旧保持剑刃的锋利，能一下划破20张左右的纸，可谓是"肉试则断牛马，金试则可截盘匜"。据测定，其剑锋和剑身的金属配比各不相同，当属满足冷兵器实战需要的最合理配比，剑脊含锡较少，含铅较多，取其柔韧，不易折断；而剑刃含锡较多，含铅较少，则取其坚利，使之既柔韧抗折，又锋利坚硬。无疑，越王勾践剑是青铜文化又一个里程碑式的实物证据。

战国至汉，青铜器延续了较长一段时间，馆藏品和民间藏品实例多多。相对于春秋时期，战国至汉代的制作水平呈下降趋势，但也不乏制作精良的器物。总体上说，工艺上无人的创新，型制和纹饰上更加简化，无特别的亮点照目。

以上概述，只能说是粗线条的描绘青铜器的发展历程，对了解青铜器的全部是远不够的。现存的所有资料和实物，既不能充分展现青铜器的辉煌，也不能满足研究的需要。

图1 鸟篆文、狩猎纹饰两例

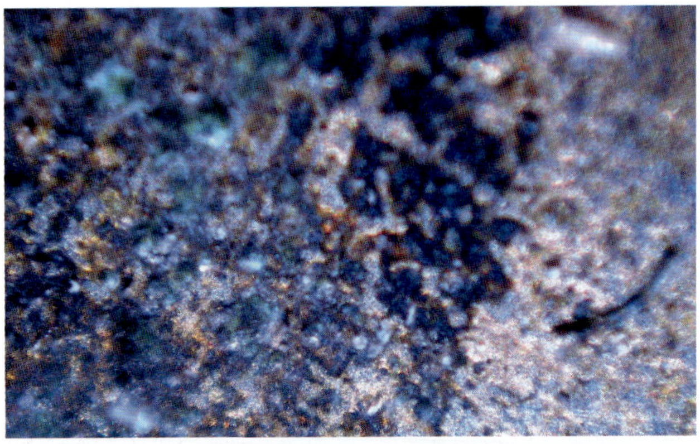

图2　金色涂层在表面极薄

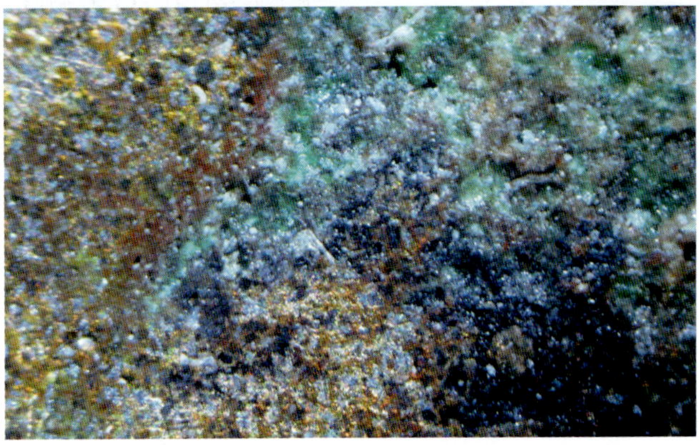

微观涂错纹下平坦无刻痕

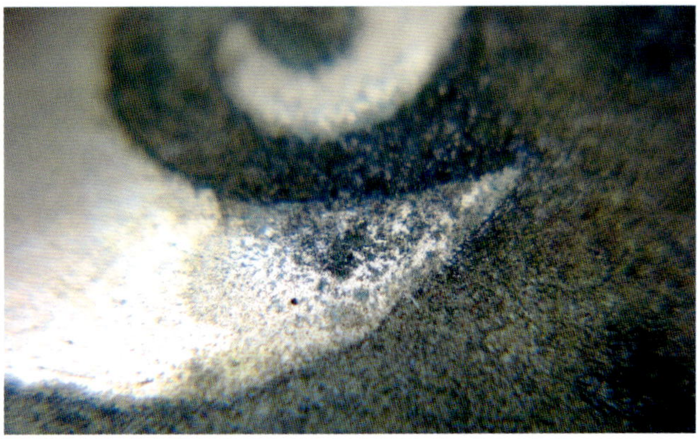

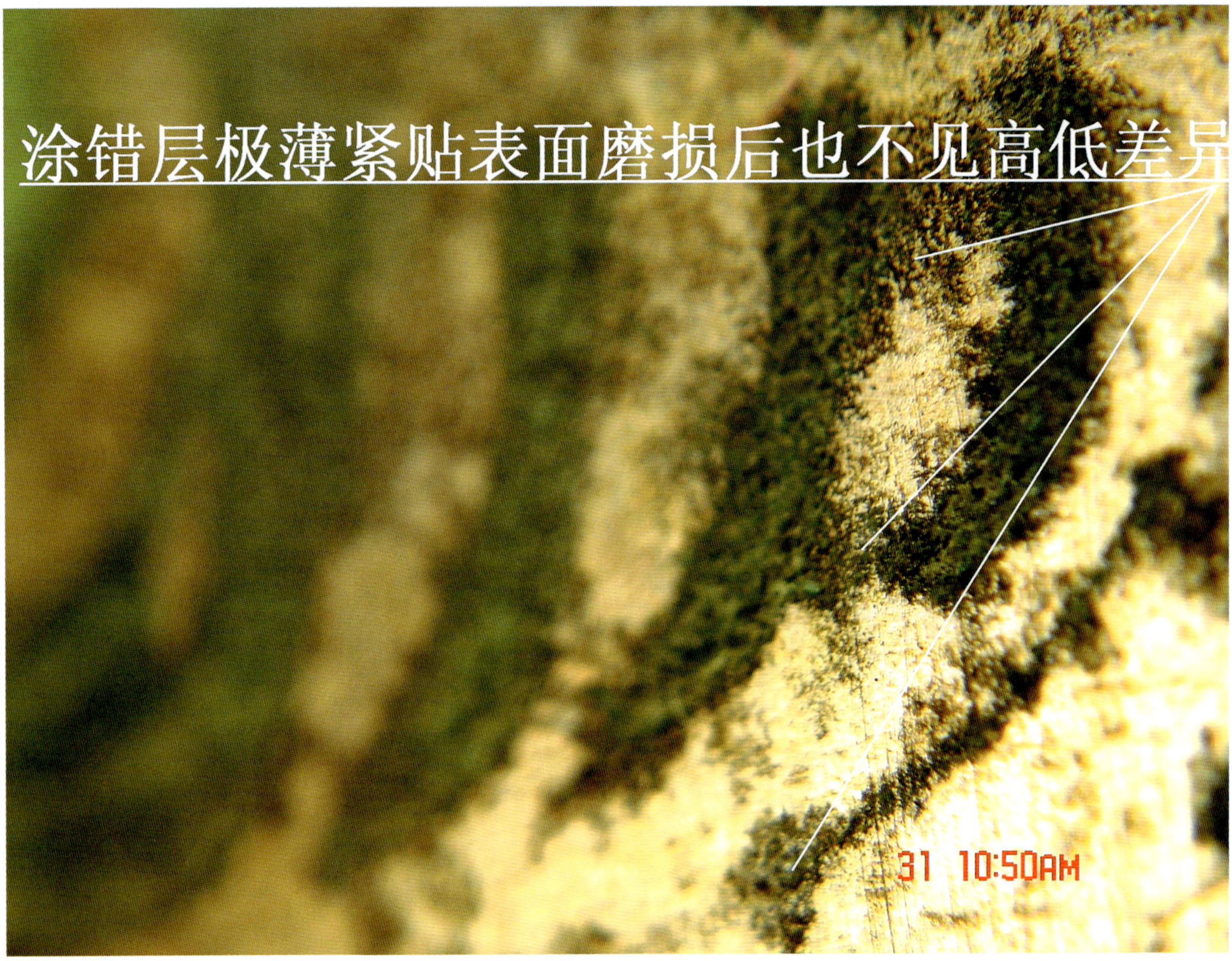

涂错层极薄紧贴表面磨损后也不见高低差异

2

青铜痕迹

余念忠／撰文摄影

前文所述的"代表那个时期全世界最高铸造水平"，主要是由先人发明的青铜器铸造工艺体现的。迄今为止，在研究讨论青铜器制作工艺时，即使用现代科学的手段也难以解开个中的许多奥秘。很遗憾，充满先人智慧的整套青铜器制作技术已经失传。有人经过尝试得知，能使卫星上天的高级铸造工程师，却不能解释青铜器的铸造细节问题，更不要说能够开模、铸造出与古代一式一样的青铜器。很多现代人仿制的青铜器可以表明，利用各种现代技术和现代工具拼凑起来的仿制品远远没有模仿到位，遑论神韵之类的高深概念。看看高昂的仿制成本换来的效果，再比一比古青铜器的复杂细节，就知道什么叫天壤之别。研究青铜器制造工艺的这一基本问题很重要，工艺细节是走向仿制成功的必由之路，也是判定一件器物真假的客观条件之一。 讨论制作工艺，有很多流派。其中有"熔模法"学说（包括"失蜡法"），有"陶范法"学说（包括"块范法"）等学说。这些学说的正确与否，对能否拾回已经失传的制造技术至关重要，对缓解因真假不分引出的种种矛盾具有实际的意义。只有通过对器物的细节分析，找出更多的看点，才能了解更多真相，才能达到高品味鉴赏的新境界。

为了更接近真实，提高鉴赏或鉴定的水平，研究青铜器的铸造工艺的对象物应该以纹饰精、锈蚀少的器物为优先，其余品质较差的可以再作计较。

我们看到，很多干坑器由于腐蚀严重，难以真实再现原器的面貌，不利于客观研究其工艺细节；

而水坑器的品相之完好，除了极高的观赏价值以外，工艺细节上可供参考的价值更是大大地提高。类似于湖南省博物馆、安徽省博物馆等馆藏的水坑器，是很典型的范例，民间收藏家手上也有不少上佳的器物。这样，多渠道多层次展开对青铜器的研究就可以不拘一格，清晰可见的物证对于打破迷信尤为重要。

一、青铜器的铸造法

青铜器铸造首先要讲"模"和"范"。青铜器鉴赏也要研究"模"和"范"。

"模"，是和所需铸件一样的原型。"范"，即和"模"相对，是在先有"模"的基础上翻制出来的对应体。"范"的质量高低取决于"模"的质量。这种关系是一种因果关系，也是本末关系。优质的青铜器是基于严谨的因果关系的条件而产生。

"模"不能直接产生青铜器，必须要通过"范"来产生。

"熔模法"是铸造金属器的一种古法，至今仍然在使用。所需铸件的模型用蜡或低熔点物质做成，以满足能"熔模"的需要。随后再用泥土构成内范（泥芯）和外范（或在制好内范的基础上构筑熔模材料的器形实体，再敷以外范之泥），待干燥定型后入窑烧制结实，高温中的蜡或低熔点材料的器形实体全部熔化流失，内范和外范就形成一个空心的整体。有了熔模的前因，则有范体的后果，两者的对应，是稳定的因果关系。范腔的空间，是最大限度地忠实保留原型的一个空间。一旦往空腔内浇入金属液充填至饱满，冷却后便铸成所需器物。通常所说的"失蜡法"，就属于"熔模法"范畴内的一种。虽然，"熔模法"在现代铸造业仍被广泛使用，不过，现代熔模材料常采用硅橡胶，和古代熔模技术不是同一概念。"熔模法"浇铸的青铜器如何从范中取出，牵涉到脱范，完好无损地脱范为的是继续使用。严格地说，从构成一个整体的"范"中，要取出浇铸好的器物，范体是不可能完好保存的，只有打碎范体取器之外别无他法。

"熔模法"的特点是一模成一范，一范铸一器。范体的范腔空间稳定不变，主体浇铸一次完成。（主体以外的钮、环、扉棱等附件可以预先浇铸成型，再衔接熔模后包泥成范。铆、焊另当别论）从模到范，从范到器的递进过程中器物与原模形状高度吻合，属于通常概念的精密铸造范畴。

"陶范法"是在"模"的基础上翻"模"成"范"的产物。"陶范法"对"模"的材料不限于低熔点物质，但对成"范"的要求则却同样需要内范（范芯）和外范，并且需留下容纳浇铸液的空间（范腔）。从"模"上翻出的干燥坚硬的"范"这点和"熔模法"相似，不同之处在"陶范法"的内范和外范都是分散的，因此，"陶范法"也被称为"块范法"。分散的块范要准确拼接才能浇铸。这样，由于拼接，块范之间不能构成一个固定的整体，更由于脱模的需要，范体又要分割成若干小块便于卸取，就必然造成不是固定的因果关系，因为不固定，就会移位走样，相对于"模"的前因，无法成就必须精确的"范"之后果。"陶范法"舍本逐末，把重点放在"范"上大作文章，但由于为脱模而分块的问题，却造成模和范之间因果关系的改变。分割成若干小块的内外范，使浇铸所需要的符合原型的范腔精度变得难以控制。"陶范法"的缺陷显而易见：（一）内外范由整体分割成若干小块再组合，是不稳定的因果关系，和"熔模法"的固定范体相

比，精度大大降低。（二）内外范的腔间距离定位，以及外范分块之间的拼接组合，再次增加了因果关系的不对应变化，使精密度进一步降低。（三）无法避免因组合不当而形成错位变形，无法避免高温金属液的冲击使拼块形成的腔体错位变形。因此，仅此三点，因果关系所要求的精确度的丧失就远远大于预想。而不能对应原型的范体，则必定导致浇铸失败。

"陶范法"采取的分割范体的目的在于想顺利脱模，但能脱得了吗？我们来实验一下：设一个平面体，在平面体上构筑浮雕纹，这时突起的浮雕纹全以垂直于平面设定的话，那全部浮雕纹和整个平面的夹角是90度，这种情况下的脱模、拔模的作用力方向一致，理论上是可行的。但是青铜器的浮雕纹不是建立在一个平面体之上而是曲面分布的，如剖面观察容器的浮雕是随弯曲拱起的面呈放射状分布，这时单独的夹角虽然还保持90度，但整个浮雕纹之间的对应夹角关系就变了，拔模作用力的方向由直向转变为扇形，在扇形夹角的曲面上敷泥成范，模和范的接触面如同膨胀罗丝似的紧紧咬住，脱模是根本不可能的。无法想象，要分割成多少块才能满足90度夹角的脱模要求？

鉴于"陶范法"的种种问题，古青铜器那种复杂形状和立体浮雕为对象的场合，"陶范法"难以胜任。

不难看出，"模"和"范"在铸造工艺上的区别采用是不能混淆的，"熔模法"工艺的范体，和"陶范法"工艺的范体，看似仅为整体范和分体范的区别，却是两种截然不同的性质。"熔模法"突出一个"模"字，是要求成品器物的结果最大限度地接近原模，尽量保证和原模吻合是宗旨。陶范法突出一个"范"字，而这个化整为零的范体既无法保证和原型的密切吻合，又存在脱模上的问题。

奇怪的是，很显然的问题，迄今为止，依旧有人在纠缠如此清晰的概念。本末倒置，一味地否定"熔模法"，宣扬"陶范法"。将一个很明确的问题

引向歧途，甚至很多名家固执己见，以谬误主导话语权，乃至造成了严重的后果。

欲知"熔模法"和"陶范法"的是非之争，先来对比参考下例的文字摘要，看看是否会感知到其中的是非？

例一：中国机械工程学会铸造学会"熔模法"说：

1979年6月20～6月26日，在湖北省博物馆和武汉机械工艺研究所支持下，中国机械工程学会铸造学会于武昌召开传统精铸工艺鉴定会议。会议由三机部顾问、铸造学会理事长荣科主持，与会的有学会正、副理事长，正、副秘书长，部分常务理事和国家文物局、湖北省博物馆、一机部、三机部、五机部、六机部、八机总局、中国科学院、广东、湖北、武汉市的专家学者谢辰生、缪良、韩丙告、冯富根、胡忠、张承甫、张立同、郭寿衡、林伯年、田立志、陈秀侗、周泽衡等共40余名。与会代表在仔细考察了实物之后，经反复讨论，达成了共识，确认曾侯乙尊盘的透空纹饰附件系由熔模铸造成形，有可能使用了某种混合蜡料。

分析：中国机械工程学会铸造分会的几十个专业人员以铸造技术方面的专业经验，从纯技术的角度出发，考虑工艺的实际问题，作出了上述熔模铸造的结论。几十个人的共同观点，不涉及鉴定器物真假的话题，不涉及文物鉴定的利益问题，具有客观可信度。缺憾在"有可能使用了某种混合蜡料"这句话上，定义不明确。

例二：谭德睿先生（中国艺术铸造专业委员会主任委员）考察报告的有关"熔模法"有下列总结：

1."2002年河南叶县许国国君灵公许公宁墓出土一件透空附饰残件，2003年12月笔者应李学勤先生的邀请赴叶县考察许公宁墓出土的青铜器群，确认透空附饰为失蜡铸件。2006年8月华觉明、谭德睿再赴叶县详细考察，肯定透空附饰为失蜡铸件。为进一步取得实证，李元艺、张方涛、华觉明和张明悟、姚秀辉等对透雕附饰分别作了工业CT、X

荧光、能谱、背散射和金相检测，确认此件的纹饰由整体铸造而成，无铸接、焊接和锻接的任何痕迹，纹饰的铜梗上也无范线，故可排除由组合块范铸成的可能，透空附饰为失蜡铸件殆无疑义。此饰件铸造年代当在许国迁叶至许公宁卒年之间（约公元前576年～前547年），属春秋中晚期偏早时段，约与淅川铜禁年代相当或稍早。

2.在新干大洋州出土的一件大铙上亦有所见，虽无龟纹窄内宽外窄的纹饰，但是凹纹更细窄，用分块陶范法根本无法脱范。

3.第三类纹饰边缘上翘，形成翻边。以新干大洋州出土的两件大铙为例，其正鼓部的凹纹即有此现象。即使在湿软的泥模上刻压凹纹，纹饰边缘也只能因受挤压而产生断续粗糙的上翘，只有刻压类似蜡料一类塑性良好的材料时方能出现这种光滑连续的翻边，实验证实了这两种现象。类似现象，在安徽潜山出土的大铙上亦有所见。

4.上述所举各例的青铜器，时代跨越了商代中晚期、西周和春秋时期。

5.所谓中国青铜时代"没有失蜡法铸造器例"，实属无稽之谈。

分析：上述观点通过多方考证而来，描述的现象和原理符合实际，明确摆出不能脱范的证据。而且，实物证据跨越了商代中晚期、西周、春秋时期。笔者也认为馆藏的实物或者是民间藏家的实物（具体在本文中后叙）都有大量的证明，对排除"陶范法"作用毋庸置疑，要论证"熔模法"在商代就存在并无难度，确认"块范法"的谬误很容易。

例三：华觉明先生（中国科学院自然科学史研究所研究员、中国传统工业研究会理事长）在"熔模法"说和"陶范法"说两种观点之间的摇摆和定位：

1.1956年秋～1957年秋，华觉明、薛君昌在林相如先生指导下组成铸造史科研小组。期间，考察了颐和园铜狮、故宫铜象，确认其为传统拨蜡法所铸。1958年《铸工》第6期刊出华觉明《中国古代铸造方法的若干资料和问题》一文，其中华觉明认为失蜡法在我国很早便已发明并长期流传，"失传"一说是没有根据的。

1965年秋～1966年春，华觉明、王安才经多方寻访，在北京微电机厂找到佛作老艺人门殿普。在门的指导下于北京美术公司用传统拨蜡法仿制了具有北魏风格的自在观音铜像，记录了工艺全过程并作了泥料的理化检测（铜像元件由古铜张传人刘俊卿师傅提供），并通过文献检索和函调方式对潍坊、拉萨、呼和浩特、保山等地的传统失蜡法作了调查。

1978年10～11月，应湖北省博物馆之邀，华觉明对曾侯乙墓所出铜器作了考察、研究，期间曾在该馆作学术报告，认为曾侯乙尊盘系失蜡法所铸。

笔者分析，以上事例表明在很长一段时间内，华觉明先生一直是承认有失蜡法（熔模法）的。但在1981年的论文中，华觉明先生又提出曾侯乙钟是136块陶范组合拼块铸造而成的说法，排除了熔模法的推断，观点有了摇摆。

然而，曾钟在复制过程中的实际情况却与之提出的"分块合范"法恰恰相反。1984年，参加复制的科学工作者在选择工艺方案时认为："古编钟采用数十块以上的泥范拼装组合铸成，此方法工艺繁杂，制造周期长……原钟的大小、壁厚、结构等都较适于熔模精密铸造工艺……采用熔模工艺、工序短、操作较为简便。"从技术角度分析，明确指出了陶范法存在的弊病，华先生136块陶范组合拼块铸造的方法无可行性，最终确定了熔模法铸钟的可行性和优势，并付诸实践，在借助现代有机硅橡胶翻模新工艺的前提下采用熔模法顺利地复制了全套曾钟。

2007年1月26日，《文物报》学术争鸣版发表了李元芝、张方涛、谭德睿、华觉明、张明梧先生的《许公宁透空蟠虺纹青铜饰件——先秦失蜡法之一器例》一文，华觉明先生重新又肯定了古代失蜡法的存在。文章以2002年春出自河南叶县许灵公墓的青铜匜透空蟠虺纹附饰作为实例，首先从年代上

（约公元前576年～公元前547年或稍后）定为春秋中晚期偏早。然后选用工业CT(BT400-1)断层扫描检测，得出"纹样铜梗和饰件本体都是整体铸造成形的，其间绝无铸接或焊接成形所必然出现的界面或扩散层"，还附了铜梗纵向切片图像。并综合工艺考察，认定"透空饰件为失蜡铸件殆无疑义"，进而驳斥了中国青铜时代"没有失蜡法铸造的器例"之说，认为该说法属无稽之谈。

小结：华觉明先生的观点摇摆及最终定位。是一个经过反复推敲的过程，是一个尊重客观的不断完善的过程。曾侯乙钟的复制实践采用"熔模法"是研究组经过多方面权衡，谨慎考虑后才得来的唯一结果。实践证明，块范拼装组合之方法的不可操作性显而易见，而熔模法却是切实可行。归纳一、二、三例，"熔模法"之说有事实根据。

例四：否定"熔模法"之例

2006年7月，周卫荣(中国钱币博物馆研究员)、董亚巍(鄂州博物馆副研究员)、万全文、王昌燧4人联名发表《失蜡工艺不是中国青铜时代的选择》认为：

"……我国青铜时代缺乏产生失蜡工艺的文化和技术基础，也没有客观的社会需求，曾侯乙铜尊盘的繁复纹饰附件的制作工艺不是失蜡法，而是春秋以来化整为零的范铸与焊接工艺。因此将曾侯乙尊盘定为失蜡工艺铸造实属历史的误判，进而提出至少在战国之前，中国没有失蜡法制品，当时发展成熟的青铜范铸法才是曾侯乙尊盘附饰的铸造工艺，绝大多数器体皆借助于分型制模、制范、活块造型、泥芯技术而整体铸成。

……青铜器制造普遍采用化整为零的器体制造法，主体分割铸造，再行组合；纹饰制作，采用纹饰模单元模块，即用一块纹饰模，复制（翻制）多个相同的纹饰范块，再根据需要组合成大面积的纹饰；复杂的制作，也拆分成若干单元，分别铸造后再行组合。在这一工艺思想的影响下，春秋战国时期几乎可以铸造任何复杂的器物。

……泥条粘贴工艺的发明，拓宽了纹饰的表现方式，显著增加了纹饰美感（如著名的三层花），直接导致了成组、成套相同纹饰青铜器的出现，并奠定了西周以后青铜器上大面积铭文的制作基础。

……纹饰并非模上制作，而是范上制作。也就是说，模上并无此类纹饰，商前期常为光模，而商中期后也仅有使于脱模的条块纹饰。主要纹饰都于翻范后在范上制作，商前期主要为范上压塑，而商中期后又增加了范上堆塑的工艺。实际上。范上制作纹饰的工艺，在商周青铜器上最为常见，而青铜器上，如兽面纹等原应对称的纹饰，结果却明显不对称性，其原因即在于此。"

据称，此文在国内文博界产生强烈反响。

上述论文的观点为：

1. 我国古代无失蜡法。

2. 只有分块范铸法能铸青铜器。

3. 复杂的单元纹饰依靠分块翻制、一块纹饰模可连续复制若干相同的纹饰。

4. 春秋战国才可以铸造任何复杂的器物。

5. 三层花、铭文的出现，是西周以后，泥条黏贴工艺的发明而出现。

6. 翻范后在范上制作纹饰、堆塑，而不是在模上制作纹饰。

根据以上6点分析：

1. 上述观点仅凭想象就否定了中国机械学会铸造分会1979年认定的失蜡法之说。完全无视化整为零、活块造型后再整体组合拼范浇铸的弊端；无视商周青铜器的辉煌，说春秋战国才可以铸造任何复杂的器物，等于否定了商周青铜器，否定了商周青铜器早已经存在的、非常复杂器形所体现的高超技术的事实。

2. 坚持只有分块合范铸法，是原则上的错误，理论上讲不通，实践上更无可能。主张块范法，推测一块纹饰模可连续复制若干相同的纹饰，那究竟是平面为前提还是曲面为前提？不考虑如何脱模的细节，是一个大忌。拿一件和上海博物馆相类的四

象尊来说，象首背部与器体之间有一层浇铸时形成的隔膜，显示了熔模法整体浇铸的特点，见图3-1、图3-2，再如文后的图3-3、图3-4，大幅度的出角、立体交义的结构造型，杜绝了分块合范的可能，用块范法来解释，无论如何找不到合理的依据。实物证明，既无分割范体的痕迹，又不存在脱范的基础条件。

3. 一块纹饰模可连续复制若干相同纹饰的想法，和华觉明先生早先的136块陶范组合拼块铸造的方法无可行性是一样的，重复使用的模块，就必然要脱模，以大量的商周青铜器的实物为证，复杂的整体纹饰、剖面360度圆形立面上的浮雕纹，根本不可能允许分割成局部的单元纹饰再进行组合翻制，单元纹饰规范组合实无拼接成毫无破绽的大面积整体纹饰的可能（分块必然在纹饰上留下无数范线痕、且纹饰细部无法精确衔接）。复杂纹饰的范体也不能完好脱模。前述的再如图3-3的出角鬲，以及图4的扉棱内小外大的形状，都是不可能脱模的范例。显然，连续复制相同的纹饰的可能性为零（平面体的简易单元纹饰另当别论）。无论是范上刻制纹饰还是用石膏在青铜器上翻模后连续使用都一样徒劳，范上刻阳文来翻制，根本无法做出阴文锐利的字口和深邃的笔画，李志伟先生做了实验已经证明不可能（详见后述）。而石膏翻模的话，脱模后的石膏范纹饰无不崩裂受损。块范说恰恰回避了脱模（脱范）的具体可行性问题。

4. "三层花、铭文的出现，是西周以后，泥条黏贴工艺的发明而出现，"此话也令人惊诧。大量商周青铜器铭文、三层花的器物，根本见不到泥条黏贴的工艺特征。若按"西周以后才出现"之说，所有馆藏器无泥条黏贴特征的商周器是否都是假的？大家知道，商周青铜器铭文是凹陷的阴纹，三层花是凸起的阳纹，两者混为一谈归之于在范上泥条堆塑，无疑是相互矛盾的，铭文低于器物表面，三层花则高于器物表面，在范上泥条堆塑制作纹饰对凹陷的铭文或凸起的阳纹都行不通。

5. 再细究纹饰于翻范后在范上制作的说法，任何一件容器的立体浮雕纹，在模上制作时是顺着直感雕刻就行，不需要考虑分割范体以及所引申的种种问题。而在范上制作则是逆直接感觉做和原形相反的造型。常识告诉我们，刻章、翻铸钱币、铜镜之类简单的线条和平面的形状可以顺利制成反字反纹，但要在容器类360度圆形的外范内腔上作出多层次浮雕纹，既要整体上造型准确，又要使分块的范体衔接时保持纹饰的完整性、连续性、精密性，简直是天方夜谭。模上制作360度圆形立面浮雕，弧度、深浅度可随意掌控，反过来要在范上逆向制作浮雕，是无法掌控的，更别说将无数块带有纹饰相邻关系的范块拼接成严丝合缝的一个整体。文章作者擅长钱币、铜镜方面的研究，是否用了平面的形态的概念，去套用曲面的形态概念？毫无疑问，外范上制作纹饰的路是走不通的。

因此，《失蜡工艺不是中国青铜时代的选择》一文所得结论是不成立的。

例五：权威人士坚持"陶范法"、否定"失蜡法"，以及对青铜器真假问题的影响例。

青铜器修复专家贾文忠在《青铜器辨伪》一文中，非常坚定地以块范法作为唯一鉴定真品的依据，而断然否定有失蜡法。由于这种坚定，造成的影响非常广泛。请看其文章摘要：

"……（仿品）以真器为模，用翻砂的方法或失蜡法(贴蜡法)铸成。多见于乾、嘉以后。以此种方式所作伪器，由于形制合于规范，且往往又于其上创造假锈，故较难识破，尤其是作伪高手制品，几乎能乱真。

……用失蜡法(贴蜡法)所铸伪器器表无凸起的范线。商周铜器多采用块范法铸造，合范浇铸后，器表多留有范线。用失蜡法制伪器既不用块范，故器表不可能有任何范线。用此种方法制模，是先于外范上贴蜡，分割成几块，然后拼合在一起。这样在浇注铜液后，即会在器表上看到蜡模拼合处所留下的凹陷的痕迹，与块范法铸器凸起之范线形状显然不同。

……伪作器多无垫片。古代用块范法铸造，需用碎铜片按一定方式垫在内外范间以固定二者间距离。有的青铜器甚至能在体表凭肉眼看见垫片。但作伪者，特别是早期作伪者，限于对商周铸铜技术的了解程度，一般并不懂得使用垫片，更不可能清楚地了解不同时期垫片的分布方式，因此垫片的有无与垫片的分布方式可作为判定真伪的的重要参考。

……古代以块范法铸造的青铜器，表面较严密、光洁，而用翻砂或失蜡法所制伪器表面有时会出现砂眼、缩孔等现象。"

上文主要观点为：

1. 凡失蜡法（熔模法）是乾、嘉后的伪作，商周青铜器用块范法，合范浇铸。

2. 器表得有范线为真，无范线则伪。

3. 一定得有垫片，无垫片则伪。

4、块范法铸造的器物表面光洁，失蜡法铸造的器物表面有砂眼、缩孔等。

根据以上4点分析：

1. 根据前述诸多分析，块范组合浇铸商周青铜器，纯属一种想象，实际上并无成功例子，理论分析也行不通。块范法单独浇铸简单零附件或诸如铜钱铜镜类平面体可行，浇铸容器类整器，块范法不存在成功的可能性，尤其是360度圆形立面的多层次浮雕器、立体交叉的复杂结构的造型等，就更不能用浇铸铜镜类器物那样可以有头模、二模、三模的概念来套用，浇铸复杂形态的青铜器，为完成脱模的任务而分割成无数块的范体，拼范是个问题，脱模又是个问题。如图3-1、图3-2、图3-3、图3-4，都是用块范法不能浇铸的实例，假如用块范法，模块组合的纹饰衔接问题、以及浇铸后的脱模问题、范线问题，在如此精妙的纹饰和立体交叉的结构上，根本就不能解决，国家权威机构的曾侯乙钟的实验结果也证明无可行性。

2. 判无范线的失蜡法（熔模法）为伪，正是块范法假想者先入为主的结果。范线不是判真伪的依据，馆藏商周青铜器，以及民间藏青铜器，没有范线的不计其数。并不因为贾先生的这个观点都成为仿品。我们常常见到青铜器上二等分或三等分的筋线一直被认为是范线，笔者不敢苟同。严格地说，范线的定义条件只有在分块合范并能重复使用的前提下才能成立，那些分成二等分或三等分的线条，其实并不能满足脱模的要求，也就不能被重复使用。所以那就不是范线，至于叫什么，作用是什么，可以另议。但要满足脱模并重复使用模块，就必然要回到类似于复制曾钟开始的歧途上去。整范为满足脱模而分割，究竟分成多少块才能符合脱模需要？很清楚，假如根据曾钟原先设想的100多块分范合起来的路子进行浇铸，将会产生多少条范线？毫无疑问，范块之间的拼接，必然在器表精细纹饰面上留下无数条范线！事实上，馆藏也好，民间藏品也好，根本就没有这种所谓的范线之证据。有的只是图（5）扉棱上这样的范线，而且仅在零部件上有。所以说零部件合范浇铸，是可能的。这存在两种做法：第一，先行用低熔点金属浇铸零件，再与熔模拼接成完整的模；第二，直接浇铸出铜质零件，接模再浇铸，或和铜金属器体焊接（鉴于焊接的问题难以定论，这两种假设仅供参考）。图5器身上却不见任何与扉棱相匹配的范线痕迹，就很能说明器身是不用分块合范法浇铸造的。这样，扉棱的范线痕迹与器物整体关系表明了两点：一、从器物四角的扉棱看，每一组扉棱从上到下不在一条垂直线上，呈任意定位形状，根本不符合组合范的常理。见图6，合范的定位应该精确才对；第二、唯扉棱带有范线，而器物本体上找不到一丝范线痕迹，这是合范法之说根本不能解释的现象。因此，可以说，除零部件块范法的可能性之外，（全器）块范法之说是空中楼阁，无基础可言，是一个不应该存在悬念的伪命题。

3. "垫片"问题。所谓垫片之说，是根植于块范法而衍生的又一个假设，无法想象一大堆分散的块范和垫片是如何拼凑成一个整体而能做到严丝合缝，垫片的假设为的是控制内外范的间距而用，假如前述的华觉明先生原先的136块分范的工艺能够成立，岂不是需要136块垫片才能符合想象？由于块范法的不合理，由此衍生的垫片之说也就不存在基础。另外，贾先生描述的"在外范上贴蜡"既不符合失蜡法也不符合块范法的原理，无论是想象也罢、实践也罢，外范上贴蜡，和第四例的范上堆塑的谬误如出一辙。

4. 所谓凡有砂眼和缩孔为假的观点也是错误的。器物表面的光洁与否，并非和块范法或熔模法的选择有关。砂眼和缩孔是浇铸中都可能出现的、难以避免的问题，尤其是古青铜液液相不易充分互融、收缩不匀、充填不足等因素都会产生砂眼或缩孔。例如图3-1上就有砂眼，图7上见局部毛糙。另外，表面光洁也非块范法的缘故。有的古青铜器表面很光滑，有的很毛糙，这和用什么方法浇铸并无实际的关系，笔者通过大量地积累证据发现，古青铜器表面的光滑是浇铸完后再精细打磨的结果。正是通过打磨的工艺，才使得原本浇铸的毛糙表面变得光滑。在大量古青铜器实物上，都能找到鲜明的打磨证据，由于手工作业的缘故，还能清楚见到打磨未及的部位，这使我们可以对比两种表面不同的效果。因此砂眼和缩孔作为判断是非的理由那肯定要误事。

综上所述，贾先生的判断和分析之错误不属于偶然的疏忽，而是属于原则性错误。虽然"熔模法"的细节问题还得继续研究，但我们可以说，正是古青铜器工艺上的很多谜一样的问题，决定了仿制品和真品不能相提并论，决定了仿制品和真品在工艺细节上的差别。把古青铜器铸造看得过于简单并认为古青铜器能以失蜡法完美复制，以及分块合范法就是古青铜器工艺，恰恰是错误的根源。事实上，实力强大具有优势地位的科研机构复制曾侯乙钟之后，就已经排除了分块合范法的合理性，相比之下，受种种条件限制的个人作坊或研究者，把这个世界难题说得那么轻巧未免夸张过头。这里，我们将块范法和熔模法的是非问题通过对比，使大家看到一个事实：在古青铜器铸造工艺问题还真正未明了的前提下，一个违背逻辑的答案却先被成立。因此不难想象用错误的答案来套用鉴定的结论，也不难想象谬误带来的危害。

谬误主宰鉴定话语权而造成的后果，务必要引起足够的重视。

二、熔模材料的问题成了必不可少的看点

前述的"充满先人智慧的整套青铜器制作技术已经失传"并非虚言。主张"熔模法"或主张"失蜡法"的双方，至今没能仿造出合格的东西。

"熔模法"作为切实可行的铸造法虽说复制了部分器物，但是还算不上真正意义上的成功。还需要不断研究，继续完善。用"熔模法"在实际复制曾钟的时候，还不能完全再现古代铸造的风采。很多古工艺上的问题无法系统地解读，以至于对应的工艺措施难以在复制中全部实施，复制品就显得不伦不类。不少人用黄蜡、牛油、松香等材料实验后失败，使"失蜡法"被轻易否定。确实，现代复制了曾钟，但用的是硅橡胶，是一种变了味的"熔模法"，而古代哪来硅橡胶呢？连得中国机械工程学会铸造学会的专家们也只能是推测，古代"有可能使用了某种混合蜡料"。由此看来，合适的熔模材料是解决问题的一个重点。究竟还有没有用其他材料制模的古代工艺？

"熔模法"的性质不容置疑，倒是以蜡为制模材料的问题上可以细细思量。蜡的特性决定了其在制模材料的应用上受到很大的局限。蜡融点很低，在摄氏40度左右就会软化。在气候炎热的地方，难以保持足够的硬度满足雕刻精细纹饰的要求。蜡的硬度也很低，即便在完成了精细纹饰的雕刻以后，一到敷泥制范的时候，就难以保持纹饰不受挤压破坏。泥范由湿到干的脱水过程，必然会产生整体的

收缩，通常这种收缩率在5%左右。这样，蜡模的精细纹饰是无法承受如此大的收缩率而一定会变得面目全非。如果要用蜡为材料，必须解决泥范的收缩问题，否则便要考虑寻找其他制模材料。

青铜时代，大量被普遍使用的铅、锡也许是制模材料的上佳选择。铅、锡的熔点低，硬度适中，也容易进行冷作造型，或浇铸毛坯后再整形，刻制纹饰、铭文也容易，制成的模体能保持相对的稳定性，能承受敷泥后收缩作用力而不至于变形，也能在烧制范体的高温中顺利熔模。关于用铅、锡制模的问题，李志伟先生（湖北省一名铸造工）的研究很有参考价值。

李志伟先生把铅锡材料制作的熔模叫"漏铅法"，和"失蜡法"一样，叫法不同，原理相同，都属于"熔模法"范畴。他在此单项问题上的研究持续了20年，有用铅材料刻铭文后封范熔模的实验结果，并有论文在台湾故宫月刊等多家刊物上发表，且受到日本、澳大利亚等国学者的高度重视。

李先生介绍的实验过程为："剪切13.5厘米长，4厘米宽，厚2毫米铅板一块，磨尖的普通大号铁钉一枚，硬度不会超过青铜。当然，笔锋可以根据不同需要磨成斜口、平口等，锋尖的角度也可大可小，字路也应有所不同，我们只是随意磨尖，未作过多讲究。操作，虽然笔者手拙，第一次以铁钉为笔在铅板上写铭，但尚能较流利，轻松自如地写出'曾侯乙、铅模、李作'七个字来，其中'乙'字因为手生出现走笔斜滑现象，又重新复写。运笔适宜深度为0.5毫米，最深持笔运动深度可达1毫米。由于走笔的挤压，切开的多余铅肉向两边朝上呈锐角完整分开，若走偏锋，铅肉则向一边翘起，有字口小、底大的感觉。用手平摸，有明显的磨错感。字口宽度约在0.5毫米左右。铭写完后，漏铅浇注，最后成功铸制铭文铸件一块。"

实验效果：

1. 铭文字口、字底与铸件皮色一致，完全符合铸造铭文特点。

2. 铭文所有笔划皆较流利、舒展，一笔走完，没有出现滞笔现象，具有硬笔书法中运笔的写意。

3. 铭文字口宽度与字底深度平均为0.5毫米，字底、字壁平滑如一，字迹清晰分明，明显有别于錾刻字。

4.铭文字口成锐角向上凸起，用手平摸，有明显磨错感，与铅模写铭手感全然一致，标志铸造精度极高。

5.铭文笔划交叉点，有明显交叉重叠走笔通道阻隔压痕。也就是说，如果第一笔是横写，第二笔竖写交叉经过翻起的铅肉形成的凹沟会隔断横写的字槽，可明显分辨出笔画的先后顺序。

李先生认为：实验表明，在仿古条件下，只有漏铅法完全具备制作先秦铭文的唯一可能，尤其是上述第4、5点，是人们谈及铭文特征中所忽视（可能注意到因无法解释而有意回避，或其他原因）的两个极其重要的特征，也是陶范铸铭和失蜡铸铭所不可能具备的、"漏铅法"独有特征，其中第5点，在故宫博物院藏西周晚期青铜器师酉簋铭文中就得以的反映。

曾钟"模具花纹纤细，纹理深而窄，遍布倒钩纽纹，因而对蜡液充盈与固化后起模都带来极大困难。这是在复制中遇到的难以妥善解决的技术问题。虽然对蜡模纹饰大都要经过手工精修，但效果有限。据考察，复制钟上的主体纹饰轮廓虽大，但纤细的花纹，深而窄的纹理却显得模糊不清，所剩无几，更有甚者，原钟上的倒钩特点则了无踪影。由此说，导致复制文物的纹饰清晰度的丧失，蜡的质软，致使抗壳型收缩能力弱则是最主要原因，其纹饰的精度在范体干燥结壳过程中，因壳体收缩，纹饰无可避免地受到很大程度的耗损"。

对照曾钟复制第一阶段试用蜡模的情况，铅作熔模材料的优势显而易见。

笔者点评：尽管李先生的文章存在一些问题，他自己也认为漏铅法无法满足浇铸的全部要求，有待进一步完善，但"漏铅法"还是值得借鉴的。李先生几十年来一直从事铸造业工作，以实践经验指导研究，指出了"陶范法"的错误，其所作的贡献是巨大的。笔者再参考一些商周青铜器的实物，感觉确有铅锡类软金属为制模材料的现象，比如锻打造型的痕迹、内外凹凸对应见图23-2。器体口足部位的卷口工艺等等，无不显示了软金属的特征，因此说，李先生的研究很有价值。从另一方面说，使我们知道目前任何一种学说所主张的方法都不能完美仿制成古青铜器。这些从不同的角度证明古青铜器的不可仿的重要事实，使我们加深了对现代仿制业种种夸张说法的认识，了解了因谬误而产生恶果的原因。

三、青铜器的加工细节，可以进一步认识明辨真伪

无论是研究或是鉴赏，都应该以能够完美体现古青铜器的神奇铸造工艺、纹饰精美、锈蚀少乃至无锈损的器物为优先对象。尤为重要的是，完整无损的器物有着我们以前未曾察觉到的重大秘密。

很多场合，收藏、鉴赏青铜器的最初阶段，往往以老物或锈、或旧、或残的概念为主导，即便是很多馆藏物，锈损残破也是屡见不鲜。但以此类锈迹斑斑的器物作对象，往往严重影响鉴赏价值和研究价值（见图8），此件春秋涂金错有盖尊并不属于锈蚀十分严重，器表的一面光泽尚存，纹饰也未受损到严重影响欣赏价值的地步。看另一面的器表，大部分光泽全无，纹饰也模糊不清了，多处可见到绿色的有害锈。这种锈蚀若进一步发展，后果不堪设想。很多人把"红斑绿锈"作为衡量一件器物真假的标准条件之一。殊不知，正是"红斑绿锈"的特征，不同程度地破坏了器物的表层，影响了品相的完美。而且，"红斑绿锈"中的绿锈更是一种铜器"癌症"，若不及早进行专业性的处理，还会继续扩大化、严重化，直至锈蚀完全吞没器体。假如"红斑绿锈"之类的概念充斥头脑，对无锈精品的

认识就会受阻，与精品结缘的机会就自然丧失。

作为精品，在此郑重提出的就是近年来出现的水坑器。目前有关水坑器的研究很少（究竟是该叫水坑器或是该叫什么并不重要）。关于水坑器，明初曹昭《格古要论》描述得很到位："铜器入水千年色纯绿如瓜，皆莹润如玉。"反而是现代对此研究几乎空白。官方的认可程度低的主要原因还是缺少实物基础，少数拥有水坑器的博物馆也未见充分研究的成果。认知上的断层，使得精品不如烂品，越是好的越不敢认的事例时有耳闻。好的水坑器，清晰的纹饰、青绿色的表层、完美无损的个体、令人不敢相信是历经了几千年的东西。安徽省博物馆有件1957年出水的商代兽面纹尊，是农民在河中捕鱼时捞出。尽管已经过数千年，品相依然极为完好，器物几乎无锈，器表熠熠生辉，纹饰清晰如新，光滑的打磨面随处可见。图24是水坑器的典型外观，由不得人不信。湖北博物馆的曾侯乙大墓出土的青铜器，则是在墓穴积水抽干后始见天日的水坑器，不仅保留着完好的外观品相，还保留着优异的内在质地。整套编钟犹能奏出天籁之声，证明金属的质地一如数千年前。湖南省博物馆也藏有不少精美的水坑器。像这类精美的器物本该是青铜器爱好者追求的最佳对象，但很遗憾，大多数人与此珍品无缘，不识荆山之玉者极多！现在，官方和民间的收藏中都出现了水坑器的身影，无论馆藏品、民藏品都需要研究、需要保护，两者并非老死不相往来的关系。弘扬古青铜器文化需要博大的胸怀。

选择以品相完好的水坑器为对象的好处为：

1. 观赏价值高。2. 完美的原状，更有利于全面理解和研究青铜器，尤其是保留着表面打磨痕迹的。3. 不易生锈，更有利于长期保存。4. 免除干坑器常需要的额外的除锈处理和特殊保护的繁琐手续。

及早认识水坑器，对于抓紧研究保护和树立收藏精品的意识是非常有意义的。

凡是古青铜器的外表色彩，一定是丰富多彩、变幻无常的。这是一个很直观的细节。必须要当作重要的看点来对待。

在实践中不难认识到：古青铜器色彩无一件雷同，干坑和水坑不同，生坑和熟坑不同，同一批器有不同，同一器各部位有不同……拿五光十色来形容也不为过。在那么多的不同之中，如何来看清细节并把握其中的变化规律？

1. 古青铜器表面色有复合色差：根据上海博物馆资料显示："古青铜器完工的初期颜色呈铜黄色，青铜器是历经数千年后，表面产生青绿色才被后人赋予的名称。"从收藏、研究的实践中发现，古青铜器表面青绿色的基色中，色泽变化多端，有的显著，有的微妙，不同器不同色，同器各部位不同色，以笔者的经验认为，任何一件古青铜器是独立的个体，不存在与之相同的第二件。前述的融模法造成的独立单个体是一个因素，表面复合色差也是一个因素。（图9-2、9-3）可以见到各个器物之间的不同之处，也可以看到一个器物上各部位之间的不同之处。这种色泽上的微妙之处，在对比上海博物馆公开卖价几十万元的仿制品和大量真正的馆藏品后，感觉尤其深刻。古青铜器色差呈随机散布的复合色，是不同深浅的黄、绿、褐为主色的互融组合色。色差的边界不明显，是细腻的复合色。在不同的色块之间形成自然地过渡，相互渗透。这种复合色在良好的环境条件下，可以长时间地保持，但如果环境条件恶化，复合色会随之变化，其中的青绿色就会渐渐褪去，褐色面积增加，色泽加深，甚至发生鲜绿色锈迹，由点到面、由小到大、最终可能发展到纹饰锈蚀受损，或走向更严重的地步。（图10）的提梁卣（上海博物馆藏品）那样的色泽，就是青绿色完全退化转变成褐色，部分鲜绿色是严重锈化的结果。

观察这类色彩有着一定的技巧，用肉眼观察其色彩的分布，用显微镜观察其发色的构成。两者结合，可以明确区别观察对象的类别。仿品作伪锈，必定是从外着手做起，靠表面的覆盖达到需要的视觉效果。与伪锈相反，古青铜器的青绿色，直观感觉看似在表层，其实并不在表层。表层是光滑的金属打磨层，无锈迹，连接成网络状，属上一个层面。青绿色的锈根植在低于打磨层平面凹陷的深处，属下一个层面。整个平面由无数组不定向交叉的短直线条构成，是一种符合手工打磨特性的物理痕迹。正是这种结构（还要加上古青铜合金的金相结构条件），形成由里向外的特殊锈色。古代青铜器的色差一是由凹陷部位的锈色造成，锈的程度不同，锈的色泽也不同图11-1、11-2、11-3；二是由打磨层最表面的铜锡铅混色造成，打磨层在显微镜下熠熠发亮，金黄、白、灰白的金属光泽交相辉映（见图12、图12B、图20）。两种因素造成上下两个层面的不同色泽，再度交相辉映，构成整器自然散布的斑驳色彩。这是水坑器特有的一种表面光学现象，是一种由无数微小镜面反射体和无数微小漫反射体的密集组合体对光的反射所致。一旦失去这个基础条件，人眼就看不到那种斑驳光亮的混色。仿品之所以呈色单调，正是不具备上下两个层面共存的密集组合体。这种颜色的形成机制是个新发现，是笔者对大量的实物进行微观研究后发现，并总结出来的。也正是由于这长久的体会揣摩和来之不易的研究成果，笔者把这种色的形成机制作为优质水坑器发色的重要条件之一，把上述特征作为甄别假冒仿制品的试金石（这一关键点的确认，需要显微镜来细细解读）。

以笔者的经验看来，馆藏器的当中，也必然存在同样特征的器物。已经发现民间藏家也不乏有这类特征的器物。请注意，这种发现是一种共性的特征，可以作广泛地验证，对于甄别优质水坑器，意义特别重大。看上海博物馆的高价仿品，感觉立刻就不一样，仿品是一种单调乏味的色，没有复合色色阶自然、色点细密之组合，表面晦暗无光泽（见图13）。上海南京路步行街的东方宝鼎同样如此，直观上和古青铜的差异显著，外表一层是似而非的仿古青绿色，没有黄绿褐几种色彩的交融变化（见

图14）见图经多年的日晒雨淋和游客的触摸，算得上经历了长时间的"做旧"和实际上的老化的过程，但是，表层色褪去后，露出了干净的精铜本色的反光，却缺少下一个层面的色彩，和古青铜器凹处部位长锈的特征完全是两码事（见图15）。代表中国铸造业水平的仿制品尚且如此，乡村作坊的仿制水平更可想而知。这些细节，对一贯喜欢危言耸听的人、对装模作样谈研究的人，可是个新问题哦。对锈色的解释，贾文忠先生是这样说的："现代分析研究青铜器的表面地子和锈的颜色与其合金比例有关。那么所复制的青铜器的合金成分如果与原件相同，复制出来的外表与原物锈蚀基本相同。"这个解释是错误的，是不理解事物深层的内涵，脱离实际，仅凭想象所致。为什么诸如东方宝鼎这样的仿品就不去配理想的合金成分做出理想的古青铜锈色效果？为什么只有古青铜上会在单件器物或各件器物上产生色彩各异、多彩缤纷的锈色？许多机构研究的结果表明，大量古青铜器实物的铜锡铅配比例往往有很大的差异。成书于战国时期的《周礼·考工记》中就有"四分其金(铜)，而锡居一，谓之戈戟之齐；三分其金而锡居一，谓之大刃之齐"的记载。古青铜器铜锡铅比例的不尽一致，通过大量的机检实践也得以证实。尽管古青铜合金比例的有差异，但呈现具有缤纷色彩的共性是一致的，呈色机制的原理并不因合金比例不同而改变。而现代仿品可以调整合金比例，却并不会产生古青铜的呈色特点而难改单调实质。古青铜器锈色是长期缓慢演变、发自孔隙、低凹部位的结果，仿品的作锈是快速作用而覆盖在表面的结果，并不因合金比例接近了而使锈色类似于古青铜器，两种锈在本质上是不同的。

2. 古青铜器的色彩会随时间和环境的因素产生变化。细心的朋友也许会发现，古青铜器外表往往会在不知不觉中褪色，从局部开始，漂亮的青绿色，会慢慢消失，转而向黄色、褐色变化（见图16），甚至长出亮绿色的有害锈，上文所提及的上海博物

馆的馆藏商代提梁卣就是这种演变的结果，其中的绿锈就属于有害锈。如果是一般藏家不懂得保护处理，后果是很严重的。懂不懂青铜器锈蚀的原理并不重要，但要知道青铜器锈分有害锈和无害锈却很重要。一般而言，器表青绿色的基色属无害锈，层状的蓝绿色锈属经过了一个锈化演变周期而不太可怕，最怕的就是鲜绿如油漆似的碱式氯化铜锈蚀，这是引起青铜器"癌症"的有害锈。因此保养时必须要注意几点，即忌汗手、忌潮湿环境、忌自来水洗（自来水中有氯，氯离子是生成碱式氯化铜的第一要素）。以笔者的心得来说，保护好青绿色的外表很重要，青绿色是数千年地下环境演变的结晶，是演示古青铜器最高境界的重要条件，一旦失去，将永不返回。一些带有黑色"包浆"的青铜器很受青睐，但这也是青绿色褪化的一种结果，刻意追求那种"黑漆"古青铜器的时候，宝贵的青绿色将永远失去。大致上了解了古青铜器上的色彩变化规律，对于提高肉眼的鉴别能力极有帮助。

3. 古青铜器内壁和外表的色泽有明显的不同。常常可以看到：古青铜器外表有着很好的品相，光滑而富有光泽。而内壁、外底却是锈蚀严重或土垢斑驳，毫无光泽感。两者间色泽的反差之大一目了然。通过对大量器物的观察，笔者感悟到，精细的打磨工艺对器物的千年不锈有着极其重要的作用（这点可以进一步验证）。从图17-1、17-2可以清楚地看到，这件商代觚的外表能够打磨到的地方，极度光滑，无锈斑，而口沿下部的内壁和底足圈内的全部，是难以打磨到的部位，则是锈迹斑斑。图17-3、图17-4的春秋错金方豆外壁和内壁的锈迹也是差异悬殊，图17-5春秋错金壶也一样。这种现象带有普遍性，需要我们认真看待。

四、古青铜器的微观痕迹是进一步解读古青铜器的重要看点

漂亮光洁、保存完好的古青铜器表面，有肉眼看不到的打磨痕迹，凡经过古代手工精心打磨的青铜器，就会有一种淡淡的光泽。这种光泽感能极大地提升观赏价值。请注意，这和常说的"包浆"是两回事。至今为止，从未见过有对打磨痕加以重视的先例。查阅大量的资料，只见有两种不正确的描述：第一种是在制模阶段模具有打磨工艺，使得浇铸脱模后器物表面光滑；第二种是外范泥料细腻，使得器物外表光滑。笔者通过对大量实物的研究得知，古青铜器光滑细腻的表面，是经过手工精细打磨而来，而非脱模所致。打磨痕究竟是手工或是机器工，可以通过物理痕迹来判断。微观图显示，呈组合的并列直线且随机不定向交叉排列而成的痕迹，符合手工作业的物理痕迹特征，完全有别于现代机械旋转加工的痕迹特征。这与古代玉器的打磨痕有异曲同工之妙（笔者在2006年发表的《从玉工谈鉴定》中详细讲述过手工与机械工的区别）。正是这种打磨痕迹，决定了仿制品与古青铜器原则上的不同。这个隐藏在器物上的千年秘密，使古青铜器不可再生的定论无可争辩。手工打磨而成的表面结构和数千年慢性氧化的结合，是高科技不能复制的。就像现代酿酒科技再怎么发达，也不能达到百年醇酒的境界是类似道理。手工作业结合长时间、慢演变的历史痕迹，是高科技不能再现的。

请看不同倍数的微观图象图18，纵横交错的成直线并行的打磨痕的凹处，以青绿色为主的锈痕，也常有逐渐变成褐色的锈痕，不管是哪种色泽的锈痕，均在金属裸露的打磨痕位置之下，也就是显微图上显示的凹陷处。金属裸露层处于最表面，黄白相间，富有光泽，并形成一个网络状的界面。底层青绿色与上层金黄色的打磨光滑的表面交相辉映，是构成变幻混色的基本面。如此丰富的表现非常神奇。笔者在此公开这个秘密，并不担心仿家来盗窃成果。遍及整个器物的微观痕迹，不是偶然现象，更不是人为现象。而是水坑青铜器必然具备的共性现象。（详细请看第五章节。看那座东方宝鼎的显微图象，凹陷的深处找不见青绿色的锈痕，印证了

仿品表面制作的锈色不能进入到器体的孔隙的深部，更无法在空隙中留下黄绿蓝白褐多色混合分布的景观特征。单看外表，不能说仿得一无是处，但肉眼不能发现的问题，在显微镜下则一览无余，仿品的致命缺陷就是锈色单调，因为，仿品不具备复杂的合金成分（尤其是多种的微量元素），也不具备合金缓慢的、动态的、交替锈化的过程和所必需的时间。其做假的锈色是外表作用的结果，由于从外向里的腐蚀过程，诸如古青铜器那种富有金属光泽的网络状最表层界面是不复存在的。再看图15。古青铜器数千年缓慢细微的锈化过程，化学反应的机理十分复杂，使得锈色的分布也呈现复杂化，独特锈色的古青铜器就成了必然。图16。显示同样的一件器物，往往出现器表和器里锈色的极大差异，实践中发现，锈迹严重的往往是器里未经打磨的部分，笔者认为，造就千年不锈的古青铜器，精细的打磨工也作出了巨大的贡献？多种金属混合作用的反应不同步，在器物上留下了诸如硫酸铜、碳酸铜、碱式氯化铜、氧化铅、碳酸铅等残迹的痕迹也不相同，这些物质的对应颜色丰富多彩，如孔雀绿、蓝白色、红褐色、鲜绿色、等等，肉眼观察的场合，感觉比较模糊，很多重要的内容无法清晰捕获，难以判断锈痕的真实面貌。

通过从低倍到高倍的显微镜观察，无不清晰地看到符合手工打磨的物理痕迹图18-1、18-2、18-3、18-4，器体最表面打磨平滑的铜锡铅合金的斑斓色彩，金黄和灰白色的间色呈随机散布状。见图19，网络状的是金属的色彩，处在最表面，凹陷部分绿色的是锈迹，处在略下的一个层面。显微镜下还看到鲜绿色的碱式氯化铜，发出蜡状的光泽。图20，有人把这种锈误认为油漆。显微镜下，绿色的碱式氯化铜和蓝色的硫酸铜混合并存，就可以将油漆的说法排除。蓝绿色混色中还间有白色的晶体，那是铅锡类锈迹的残留。种种细节特征组成的微观图，可与不符合上述锈蚀机理的任何作假痕迹区分开来。这种判别方式，尤其适用于有完整表面的水坑器。

而锈蚀的轻重程度不同，面积大小不一的场合，用肉眼直观加微观的放大，寻找符合锈蚀机理的特征，寻找不同色阶组合成混合型的晶体，也对干坑器适用。古青铜器广泛共性特征较之于仿品特征。应当成为一种常识而不再神秘，综观目前坊间的种种迷惑，笔者认为，任何使用胶水、颜料、金属粉、化学料、电镀等手法的作伪，在本质上太容易被认识，之所以被迷惑，是缺少正确的方式。

五、青铜器的锈蚀，是一种缺陷，却成为辨伪识真的一大看点

锈蚀是一种电化学过程。所谓"锈"就是各种金属的盐。古青铜器漂亮的青绿色外表，以及红斑绿锈那种严重的锈蚀，都是锈的产物，只是有害锈或无害锈在器物上产生不一样的后果。一般来说，铜的硫酸盐叫硫酸铜，呈一种蓝色，碱式碳酸铜则呈孔雀绿，碱式氯化铜是鲜绿色，黑色是锡氧化的结果，也有说与氧化铜有关，红色是铁盐的结果，也有说是铅丹的产物。其中碱式氯化铜就是产生红斑绿锈中绿色部分的有害锈，单这点，许多研究方的观点具有一致性。

锈蚀过程十分复杂，一件古青铜器上的锈不可能是某种单一金属的化学反应，也不可能是铜锡铅同步反应的结果。比如，常见的红斑绿锈，其复合锈特征明显。而一些蓝色的锈，或铁锈般的锈，复合锈的特征不明显。有一种铁锈般的锈，直观看呈大块片状的薄壳层，肉眼直观，是呈层迭的片块状、铁锈色。掀开一层薄形壳状的铁锈色下面，是孔雀绿色或蓝白色的锈层，肉眼看是单纯的一色。显微镜下，不明显的单色都成了复色，图21-1、21-2、图22，这是一种复合元素锈蚀产物的混合物，其中铅腐蚀产物为主体。 根据合金体转为锈层的结果来看，一定是铜锡铅合金交替锈蚀产生的结果。古青铜由于锈化而成粉状脱离本体，但因外力的作用

（墓中之土包裹并加压），粉状体并不流散且聚集在原处慢慢凝结，久而久之，慢慢形成一个壳体，其关键在于必须要有一个漫长的时间过程，没有缓慢均匀地交替锈化，合金体在短时间内是不能均匀锈化并结成壳状的。另外再分析合金的锈色，例如，碱式碳酸铅的锈是白色的，与蓝绿色的碱式碳酸铜、混合成蓝白色，在显微镜下可以看到白色结晶体和蓝色结晶体共生的状态。碱式氯化铜是鲜绿色的，但显微镜下，鲜绿色会和蓝白色或孔雀绿色相伴在一起，古青铜的锈色决不是单纯的一种色。如图19所示。数千年地下的种种不确定环境因素造成的化学反应，加上出土后各种因素的影响，在本来就混合不匀的青铜合金体上的作用是动态变化、分布不匀的，因此，显微镜下，铜锡铅合金锈蚀的晶体呈各种色泽，且随机散布并带有不同色阶，必定是一个混合体。理解了以上解释，再回到肉眼直观，微区色阶的变化虽不很显著，但在较大区域的色阶差异还是能捕获的。肉眼直观，便于在一般场合快速把握住锈痕的基本概要。显微把关，则可牢牢把握住锈痕的内在关键。如前所述，有了理解，人为的表面做锈和数千年发自深层的自然锈蚀，是不难区别的。

笔者注意到有关假冒古青铜器锈蚀方面的很多种描述，特拿来作一比较。（一）"种植锈"。将酸、碱、盐等各种化学药品掺和金属粉涂抹到仿品表面，然后再埋到土里来"种植"伪锈。（二）"胶着锈"。用胶水、松香、白芨浆、清漆等胶状物调配各种矿石粉、颜料，涂抹到铜器上，或从别的古铜器上取下真锈拌入清漆或胶水中涂抹到仿古铜器上。（三）"烧熔锈"。将调制好的矿物颜料在铜器表面烧熔，这些被熔化的颜料在降温后凝固在铜器的表面。（四）"电镀锈"。用类似工业中金属表面电镀技术在铜器表面镀"水银皮"或"黑漆古"等皮壳。（五）将动物尿液、粪便或农用化肥与泥土掺和，涂抹到仿品表面后埋到土里。（六）"移植锈"。将古铜器上的古锈移植或镶嵌到仿品表面，再用上述

的各种方法组合作锈。（七）广告色喷涂。（八）用针尖刺扎铜锈部位，古铜锈非常坚硬难以刺入，而那些用胶水制作的伪锈不但容易刺入，松开手后针会被伪锈含住掉不下来。（九）用烟熏铜器表面或颜料染色，使其表面形成黑色或红色的氧化层。（十）真锈作旧、刷镀作旧、电解作旧。（十一）用颜色、光照、烟熏、土壤加温、改变环境等。

以上作伪法可以骗倒很多人，但只要具备一定的常识，肯动脑分析，那些肤浅的作伪方法，是经不起推敲甄别的。结合金属锈蚀的一些基本知识，懂得古青铜器不同锈迹的颜色特征和发色机制，再综合利用直观和微观手段辨析细微之处，那些作伪的假象是不能欺骗有准备之人的。

西安市文物保护考古所对铜的锈蚀机理有详细地研究，研究三星堆青铜的专家则对铅的锈蚀机理有详细的研究，各种专业的学术成果，是抵制伪学术的有效武器。多一点科学知识，必然就多一分底气。相信随着科学知识的普及，对认识锈蚀的形成机理就能更上一层楼，更多的人就不会轻易受到迷惑。改变古青铜器的困境，需要更多人掌握常识。锈蚀机制的复杂性从理论上搞清楚固然重要，但能从器物的细节上去找到有价值的东西，是通往解决青铜器面临困境的快车道。

关于除锈，古青铜器上的锈用物理方法很难去除，而且，如果是少量无害锈的话则没必要除。鲜绿色的有害锈要处理，这是一种会蔓延扩大的碱式氯化铜锈。在去除锈蚀上下了功夫的不乏专业人士，使用苯骈三氮唑、有机硅树脂、超声波等手段来处理锈蚀，然而专业手段对业余的人来说会显得无所适从，特别是有些化学试剂的使用，如果盲目操作，或使用剂量过大，或因使用不当而产生难以预料的反应，会在去锈的同时把铜器本体上的纹饰损坏。所以，业余人士去锈的操作需谨慎而为。以笔者的经验，对已经发现有害锈的时候，可以运用保守的办法，先置于阳光下拔干水气，用棕刷擦去浮锈，最后置放于通风干燥处保存即可。

象首与器壁之间有一薄层连接表明非分铸

图3-1

孔内残留范泥表明为整体范工艺，

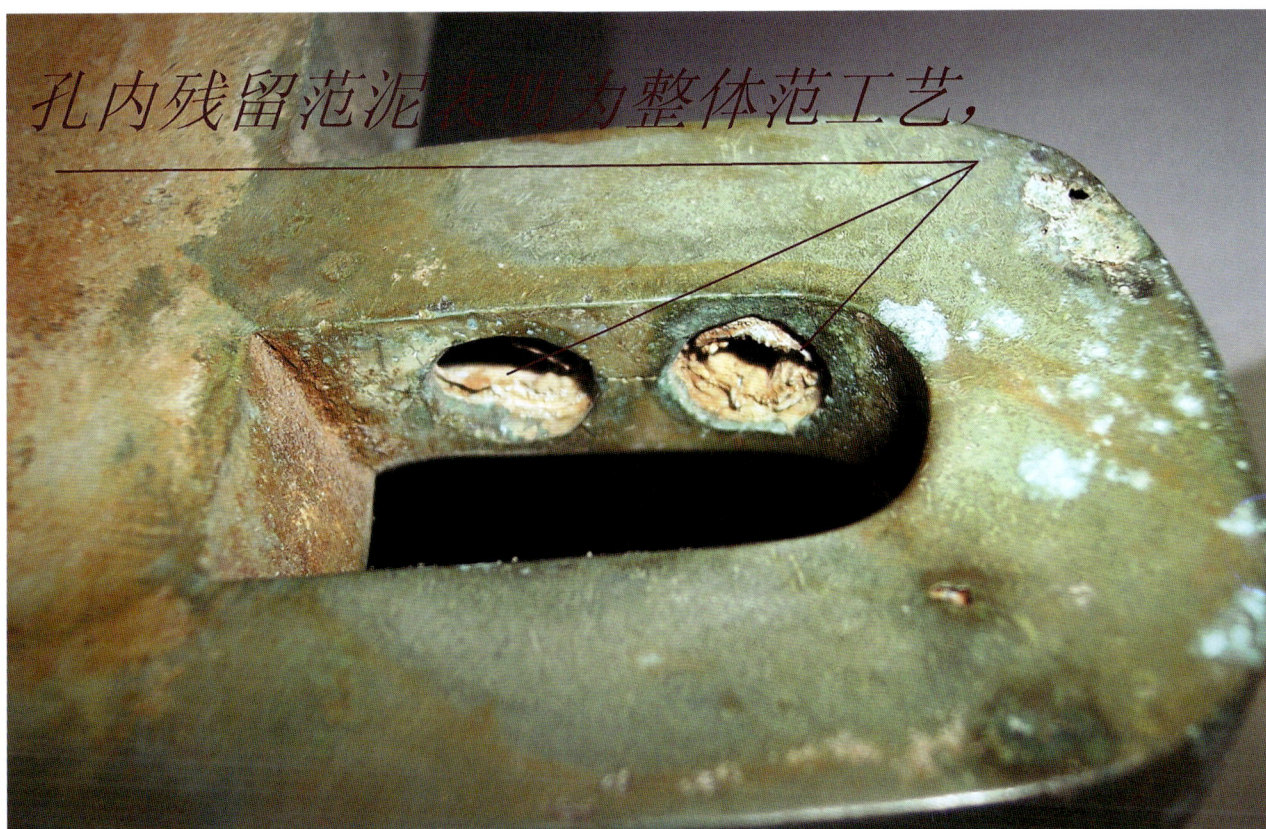

图3-2 非整体范熔模不可为

图3-3

图4　非整体范熔模法不可为

扉棱外宽内窄又无范线不具备合范脱模条件
唯有熔模法能满足条件

图4 方尊扉棱呈倒大

扉棱的范线痕迹有零件
浇铸和器体拼接后再铸

图5 扉棱上有范线器身上无范线

扉棱有范线痕迹，而器物本体上没有
范线痕迹，用块范法不能脱释

图7　局部毛糙在古青铜器上很常见

图6　扉棱排列不成直线、不合拼
　　　范常理

图8-1　锈蚀不太严重的一面尚存美感

图8-2　锈蚀严重的一面已经面目全非

图9-1
斑斓的混色

图9-2

图9-3

图10　上博的商代提梁卣锈色一例

图11-1

打磨痕凹陷部位产生锈色

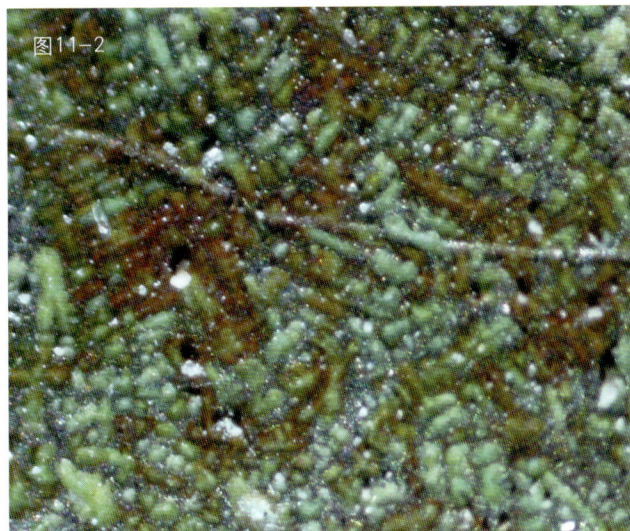

图11-2

图11-3

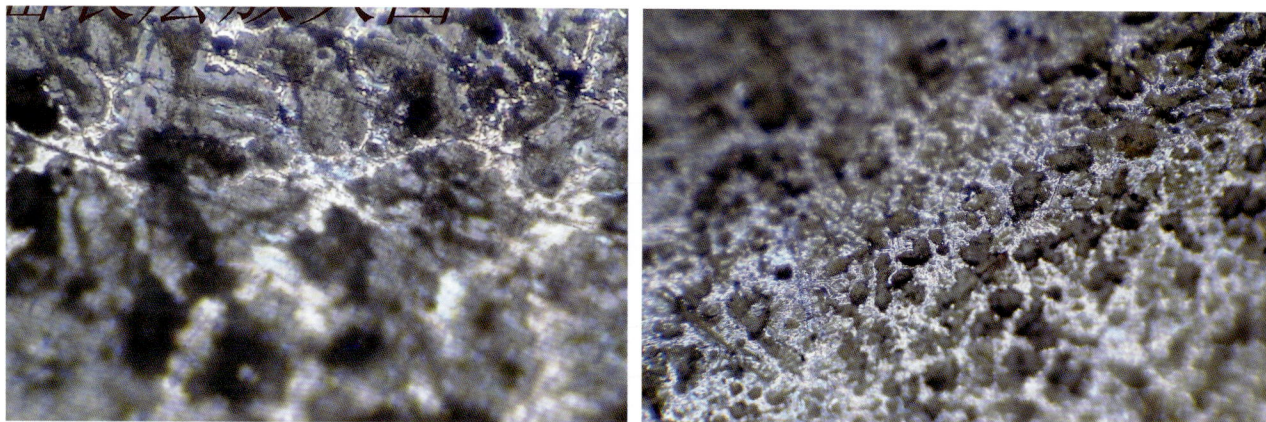

图12B　打磨层最表面的金属闪光状

图12　打磨金属色和锈色出于不同层面

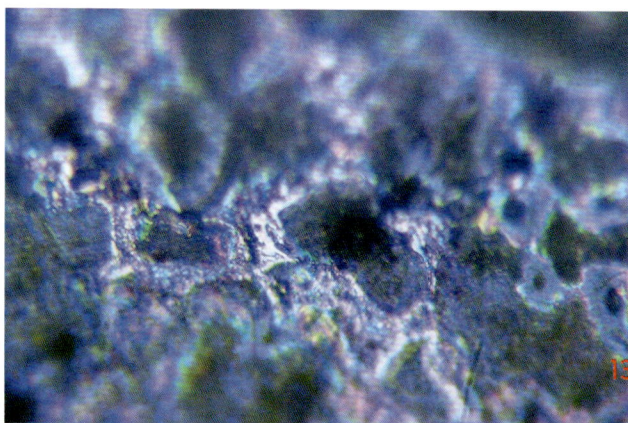

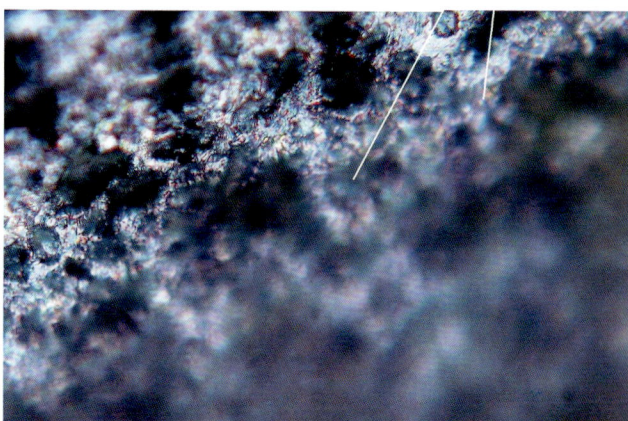

图13　上海博物馆高价仿品

图14　东方宝鼎的单调人工色

图15　东方宝鼎的露底色

图16　单器本身或器与器之间，色差无处不在，是青绿色转向黄色、褐色症候

图17-2

图17　内外表面皮色反差极大

图17-3

图17-1

图17-5

图17-4

图11-1

图18-1

图18-2

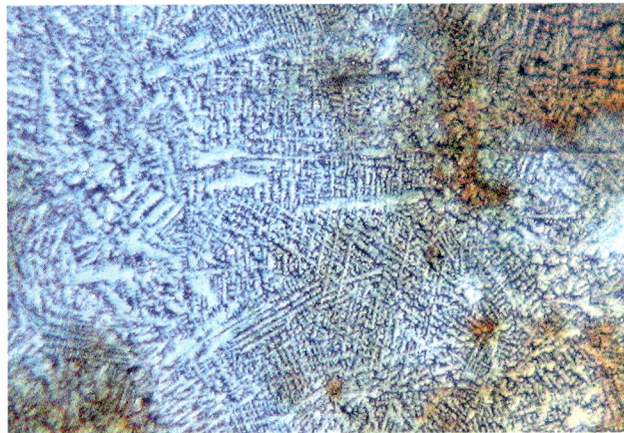

图18-3

图18　倍数不同的打磨痕微观

图18-4

图19 并列交叉的组合线唯手工不能

图19 手工打磨痕迹特征

图21-1

图21-2

图21 铁锈状和蓝绿锈共生的一种

图20 鲜绿色锈和蓝色锈和锈中混色

一层一层的缓慢锈蚀起壳
下面蓝白色的晶体状锈

图22 薄壳状铁锈色放大有混合色

图23-1
底边的卷口似为
锻打工艺痕迹，
同时可作"熔模
法"的旁证

图24
安徽省博月牙河
出水（资料）的
商代器数千年不
锈的实例

图23-2　内外凹凸对应似为锻打工艺痕迹、合乎软金属特征

3

青铜检测

余念忠／撰文

在现阶段，传统的鉴定手段已经不能适应形式发展的需要，应运而生的很多机检法各显神通。大体上是对青铜器的合金成份进行检测分析的方法，如早在20世纪80年代初，中国社会科学院考古研究所实验室采用"化学检测分析法"、"仪器检测分析法"两种方法中的"化学法"、"发射光谱法"、"燃烧碘量法测定硫"和"硬度计测定法"已成功地测定了91件殷墟妇好墓出土青铜器物的合金成分。随后张日清、曲长芝先生又使用"同位素X射线荧光分析仪"对64件辽西地区"夏家店上层文化"出土的青铜器进行了合金成分的定量和定性分析，并进行了同位素源激发"X-荧光分析"与"化学分析"的可靠程度检测分析比较，得出"同位素X-荧光分析法是一个比较简便的适合于考古工作中非破坏性成份分析技术"的结论。目前，就能量色散X射线荧光分析仪无损成分分析法来讲，实际操作经验丰富的、积累标本和实物数据较多的，要数中国收藏家协会学术研究部科技检验实验室。X荧光分析法还是国家"八五工程"重点项目，有关瓷器、青铜器、金器的大量数据被写入了《中国科技发展史》。经中国科学院硅酸盐研究所、河南省官窑研究所、故宫博物院联合实验，证明人工合成古瓷数据不可行。同理，人工合成古青铜也不可行。而且X荧光分析法对古青铜器而言，可靠性更高。其优势在于能较为准确地测定器物合金金属的比例，特别是检测古青铜器中的微量金属、微量贵金属，比如金、银、镍等，这对区别于现代合金有极其重要的意义。

古青铜器的铜锈部位合金比例与器身无锈部位的合金比例变化差异很大，从中也可以找到相应的规律性问题，通过对古青铜器的测试，显示了合金缓慢锈化过程中具规律性的细节。将未锈部分数据举列如下：Cu-69.42、Sn-22.67、Pb-6.392、Ag-0.511。再将锈化部分数据对应如下：Cu-41、648、Sn-40.014、Pb-16.179、Ag-1.007。数据告诉我们，锈处由于铜的比例迅速下降，而铅、锡、银等金属的比例反而上升，这种现象并不少见，而这些对于判断识别新老器物有很大的参考价值。成分分析虽不能断代，但检测结果反映出的多种元素，特别是根据一些稀有元素，可以断定是原生矿未经提纯直接铸造的结果。这个重要依据，可以用来对比现代冶炼工艺生产的合金成分，经纬十分明显。说到底，若要是按同样的金属成分配比仿造，就必须建立一个从采掘、冶炼、铸造的联合企业，而且还要搞清矿床的年代等相关问题。迄今为止，寻找古青铜器的原料产地，还是一个难以有确定结果的课题，其中关键的原因就是成分的复杂性所致。

可以说，青铜器一经机测，根据各种微量元素，就可作为判定新老的有力依据。需要强调的是，成份分析还需要一个强大的数据库作依托，鉴于目前样本数据的不足，确立此项技术的地位尚需时日，在完善资料库的的过程中，对于那些暂时找不到对应数据的疑似器物，也不必轻易否定，相信科学最终会解决人力所不能解决的问题。充分利用机检长处，但不唯机检。机检、目鉴、微观的三者结合，是目前比较可信可行的方案。

4

青铜珍藏

卢志禹／器物摄影

春秋青铜簋 高21.5cm，口径20.5cm，宽36.5cm

藏家　上海·卢志禹

鸮尊 高34cm 商代

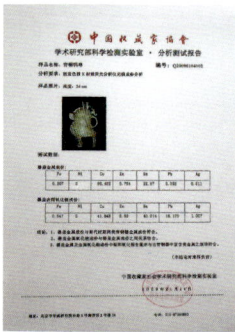

造型奇特，同器见商妇好墓鸮尊（干坑），此件（水坑）器只是尺寸略小，但纹饰更精细，品相更完美。并保存着（微观可见）精湛的手工打磨迹，是赖以区分不同时代的"指纹"痕迹。盖内商代族徽标记清晰如初。

藏家 上海·余念忠
　　　（y窑）

提梁卣　高27cm　商代晚期

同器见上海博物馆有藏单个。此件成对，比之馆藏器更胜一筹。器表立体浮雕纹是最具典型意义的商周"三层花"代表作。显微镜下观看，见手工打磨痕迹遍及全器，对于了解古青铜工艺特征，有着极其重大的作用。内底有商代族徽标记。

藏家　上海·余念忠（y窖）

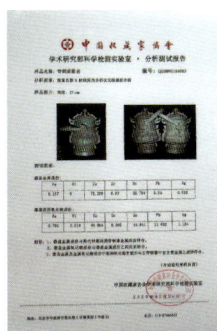

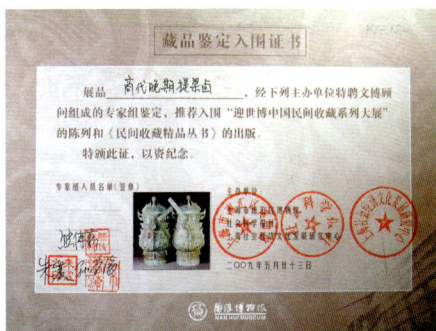

汉代铜镜　直径37.5cm

　　人物车马纹透出汉代人的生活气息，同代的同类器中属较大型，机检报告有金银等稀金属含量。

藏家　上海·蒯　超（漠然）

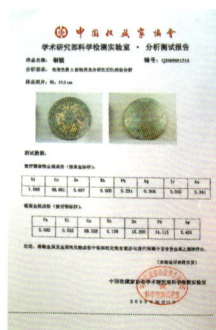

西周大鼎 高85cm，直径58cm

此鼎的特点是全身满铸铭文，西周铭文阴文常见，而此器铭文为阳文。器底为阴文，两种不同类型的铭文同铸一器，实为珍奇。

藏家 上海·杨荣辉（几回回）

21

西周方尊

同上海博物馆的癸古方尊，而此件品质极佳。该器是西周时期祭祀天地的重要礼器，《易经》：易有太极是生两仪、两仪生四象、四象生八卦。此器上园下方意为天地，中间四象上通下达，是两仪生四象有关文献的一个实物旁证。

藏家　上海虞磊（鱼雷）

冰鉴

　　春秋时期的力作通常称此为冰鉴，是由来于双层隔热的原因，但看此件配套的长柄勺，也许称温酒器更妥。

　　　　　　　　　　　　　藏家　上海朱元超（玩玉）

战国双系壶　高35cm，腹径19cm

小而密集的钩卷纹饰是春秋至战国一段时期内的常见风格。

藏家　上海郭南凯（南沙凯旋）

战国盖罐 高19cm，腹径28cm

　　此件从仅见的纹饰痕迹看，还沿袭前期繁复的风格。

藏家　上海郭南凯（南沙凯旋）

商代方斝 高35cm，腹径12cm

斝为夏商时期常规酒具，方形斝较圆形斝少，该器尺寸较大，尤显珍贵。

商代象尊　象形盛酒器

　　象体中空，鼻作流口，湖南省博物馆有同样器但缺盖且锈化严重，此件品质高于馆藏器。

藏家　上海·许　明（高安客人）

春秋螭龙
　　造型奇特，对研究中国龙的演变很有价值。

藏家　北京·徐强（阳光居士）

商　双耳鼎　长52.8cm，高64.8cm，宽39.8cm　　藏家　北京・郦建国（山阴道人）

春秋鹤顶香熏

春秋错金剑

藏家 北京·朱震

春秋连体瑞兽座

藏家 北京·朱震

春秋双耳盖鼎

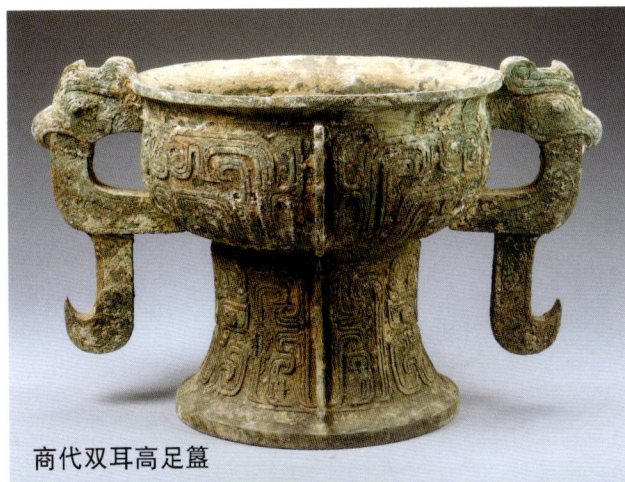

商代双耳高足簋

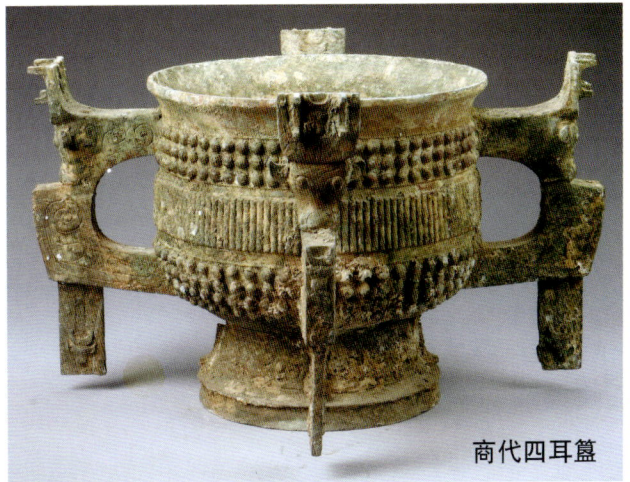

商代四耳簋

西周出戟尊

青绿的表皮色是水坑器的最高境界，张扬的出戟见证了帝王将相的奢华和霸道。

藏家　南京·姜培育（云月楼主）

鸟盖尊

商周时特有，干坑锈重，精美依在，有铭文。

春秋编钟七件套　最高30cm（依次渐小）最小高18cm

　　全套编钟饰龙纹且雕刻有铭文，精雕细琢，造型优美，浑厚凝重，气势磅礴，成套难得，堪称精品。

藏家　山东·刘秀英（鲁国夫人）

战国提梁盉

盉即现代人所说的壶，带流的器具，此提梁盉为少见的器型。

藏家 台湾·白义荣（半月公子）

春秋战国时期的典型器物，然而在青铜器上镶嵌高贵的和田白玉，就属于特殊的器物了。有道是：有眼不识金镶玉，却叹谓：随心可揽奇珍宝。

藏家 广东·幸永乾（永宝阁）

春秋双层鼎 高度35.5cm 春秋时期

　　器形非常特殊性，此鼎内外两层（而非上下两层），外层镂空，内层为带盖容器，用途待解。品相上乘，极具观赏、研究价值。

藏家　杭州·杨湛林 （驰畅）

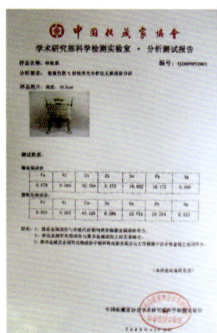

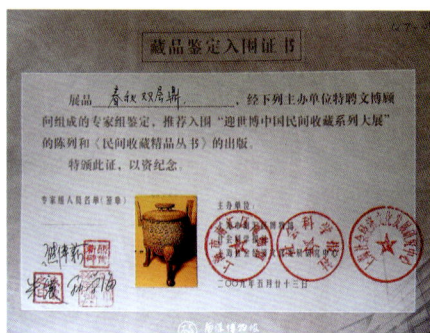

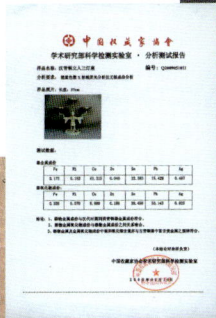

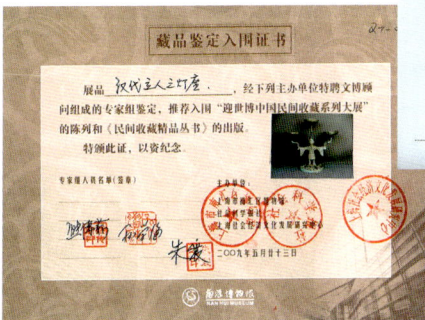

青铜立人三灯座 高度37cm 汉代

汉代青铜器生产随铁器、陶器的发展而日渐式微，工艺和纹饰趋向简约，此灯是很好的见证物。

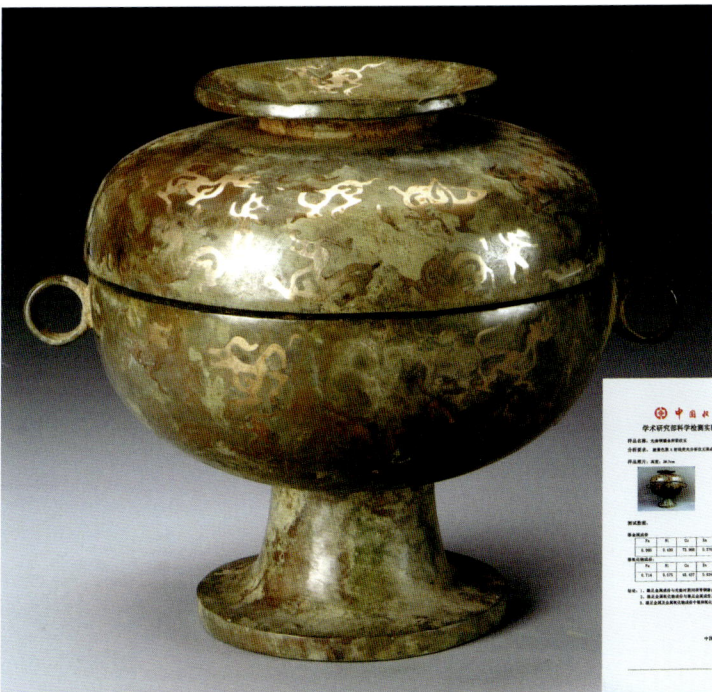

错金豆 高度20.7cm 春秋时期

纹饰工艺器形特征为春秋的特有风格。

藏家 杭州·余绍尹（西湖十景）

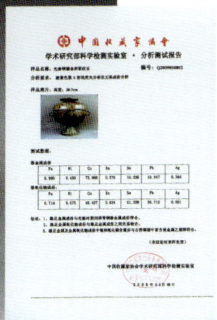

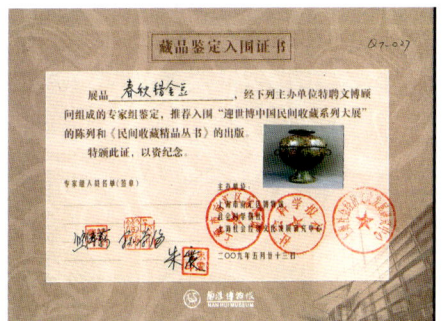

商晚双耳三足罍　高38cm

容酒器，椭圆体，隆盖，器身下部鼓腹，两侧个附一兽耳，三园柱足，颈饰仰叶文，盖和腹部饰饕餮文和夔龙纹，工艺精巧绝伦，高古奇伟，乃王室之珍品。

藏家　山东·李洪安（来自民间）

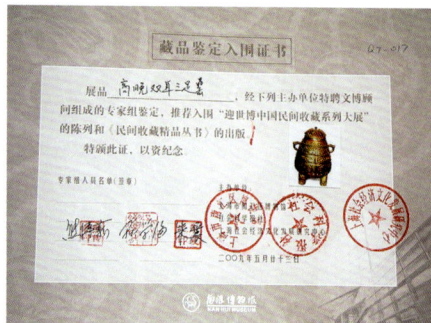

商代单把斝　高26cm

口微敞，双柱较高，菌状柱纽，顶端有一突出乳钉，鼓腹壮，下腹呈肥园的裆袋壮并饰有多层饕餮纹、云雷纹，三条空足呈锥壮，体侧配有一兽首把手，工艺精巧绝伦。典型商代精品。

藏家　山东·刘秀英（鲁国夫人）

夏代铜爵 高21.5cm，流尾长29.2cm 夏晚期

俯视口部椭圆，流窄长，有菌状形矮柱，束腰平底，三棱锥形足细长外撇，鋬上有长条形镂孔。典型的夏代器形。

藏家 湖北 · 张毅强（警钟）

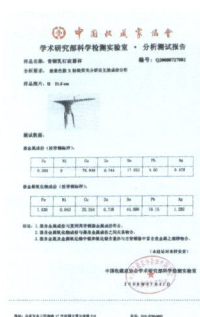

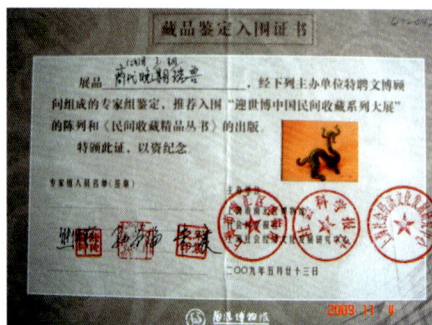

瑞兽　战国
造型奇特，纹饰精美，品相上乘。

藏家　江苏·缪玉明（妙品青花）

提梁卣

藏家　贵州·何金鸿（甲天下）

藏家 深圳·黄爱德（清水映明月）

春秋错金豆 高33cm

　　该豆双耳，扁平足，三鸟首盖，器身镶嵌有精美狩猎纹，造型典雅、大器，为春秋鼎盛时期的青铜。

商代双耳鼎 高47.5cm

此器造型古朴，工艺精巧绝伦，色沁自然，鼎耳上有30个铭文，文字工整流畅，高古奇伟，气势磅礴。

藏家 深圳·黄爱德（清水映明月）

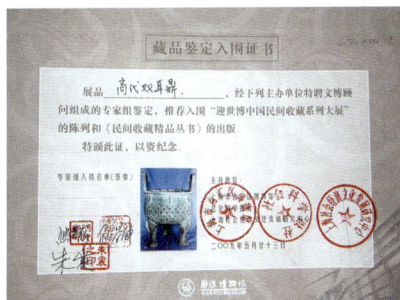

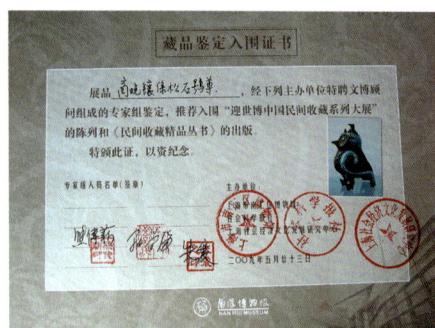

绿松石镶嵌青铜器是古青铜器中的一朵奇葩。
此器是商代镶嵌工艺成熟的见证。

藏家　湖北·熊传经（白鹿山人）

方彝 春秋时期

此件器形独特，纹饰精美，保存相当完好。

藏家 薛金荣

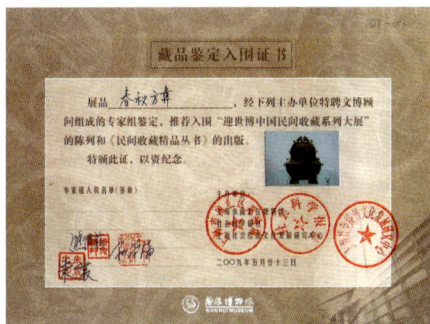

春秋铜镶玉香薰

　　此件器的特点是铜玉合铸，超出了常见的镶嵌工艺概念。温润的和田白玉辅以青绿色的青铜皮色，谓之锦上添花，相得益彰。全世界对铜玉合铸的研究是个空白点，使得此器具备了极高的观赏价值和学术研究价值。

觥　高度25.5cm　商末周初

酒器，这种器形入周后就渐渐消失。
此为水坑器中的上乘之物，纹饰和表面瓜
皮绿保存完好，非常珍贵。

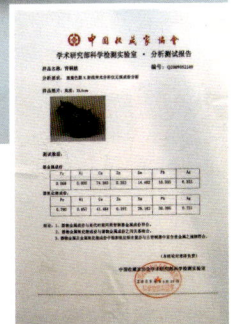

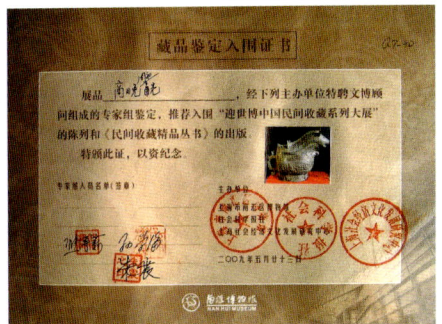

藏家　贵州·李连昌（黑马）

西周双耳壶

　　历经数千年，皮色如此完美，简直是奇迹。

藏家　贵州·李秋秋（小黑马）

商代出角鬲

　　这样的出角造型，多见于商代，对于研究古代的金属铸造工艺，是极好的样板之一。"块范法"之说，解释不了这个工艺特征。

藏家　贵州·李秋秋（小黑马）

青铜鼎 高70cm 直径24cm 商代

　　此种器形罕见，高度与直径的比例很是奇特，与商代常见型制的鼎类器不同，品相完好，难得。

藏家　贵州·李昭付（如鱼得水）

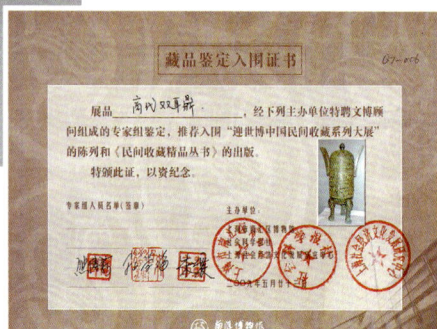

藏家　青岛·苏积玉（天放客）

47件套

（83～103页）

西汉雁灯　高26cm

　　灯不仅是照明用具，至西汉已兼成艺术性很高的宫廷陈设品。此雁造型准确，纹饰细腻，挺颈翘尾，口衔灯柱，形象生动逼真，浑身充满生命张力，不翼而欲飞，不燃而长明，引发观者无限想象力，表现出古人非凡卓越的审美能力和制作技能。

商晚双羊尊　高45cm，长43.5cm

　　制于商代晚期。尊是酒器，祭祀和饮宴必不可少。在古人的语汇中，羊即是祥，吉祥和美，祥瑞安康。双羊尊，存世量少，在大英博物馆有一个，国内馆藏迄今未见。此双羊尊造型端庄优美，品相极佳，与大英馆藏相比，大小相似，多一个盖子。

汉宫灯 高30cm 西汉时器物

　　照明用具，宫女跪坐持灯状，体内中空。由头、身、右臂、灯座、灯盘和灯罩组成，宫女右臂高举作为烟道，左臂托灯盘。灯罩由内外两片弧形屏板，可围合，带柄灯盘直壁平底，边有凹槽，屏板可动，盘心有一蜡签，灯座似豆，分上下两部分，可拆卸。

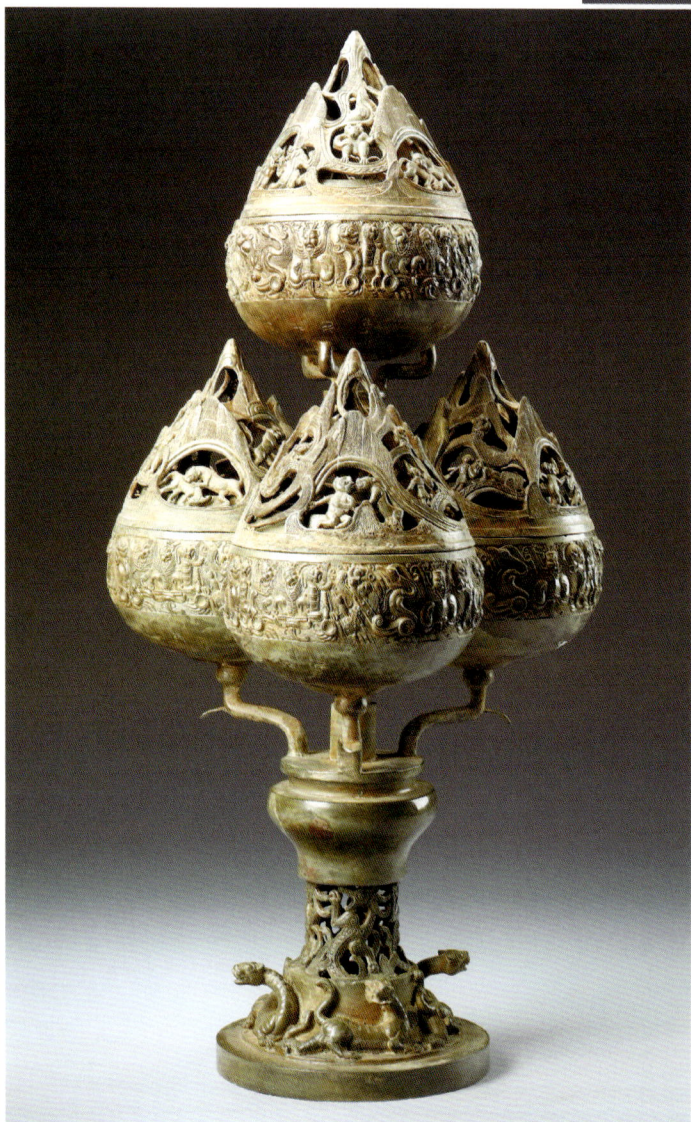

战国四联体铜熏 高52.5cm，底径14.4cm

　　香熏有单体和双联体，此熏为四联体，珍惜少见且做工极其精美，集镂空雕、高浮雕组合联结成一体，分开和整体都是寿桃形，美观亦可实用。

西周牺尊　高26cm，长38.6cm　西周时酒器，名尊
　　造型非牛非羊，圆蹄兔耳，似传说之四不像，背上有天鹅弯颈形盖，水坑器，品相极好，尤其颈上一圈高浮雕虎为饰，按其比例，显其奇大。

战国错金银升鼎

　　高32cm，口径28cm
　　升鼎又名束腰鼎，是楚鼎形制，
　　此鼎镶金错银，纹饰富丽，精美大方。四虎伏在鼎身，有盖，盖该上三只小兽，可使用亦可观赏。

战国错金银提梁鼎　通高30cm　战国时器物

鼎三圆足，而又有提梁和盖，是为吊挂蒸煮，较为少见。且身错金银纹饰，富丽堂皇，彰示主人的尊显高贵身份。

战国涂金鸟尊

高28长cm，35.2cm

三足神鸟的形象在青铜器中多有出现，此鸟尊全身涂金饰，子鸟为盖，安详稳定，更显得富贵大气，发人遐想。

战国联体香熏　高26.6cm，长25.4cm

　　青铜器中香熏比较常见，多是博山炉式，此为筒状分体双联香熏，造型奇特，盖上有展翅双鹤，吉祥可爱。

春秋鹤龟盘　高28cm

　　三鸟为座，托起一盘，盘中伏一龟，龟顶圆柱，上立一鹤，鹤展翅欲飞，栩栩如生，盘边有铭文。

商晚卧羊尊 高19cm，长27.4cm

羊是青铜器物中常见的题材，此羊尊四蹄卧地，有盖。抬头远望，清风绿草，私闻悠悠牧歌，极其安详，观之使人心静。

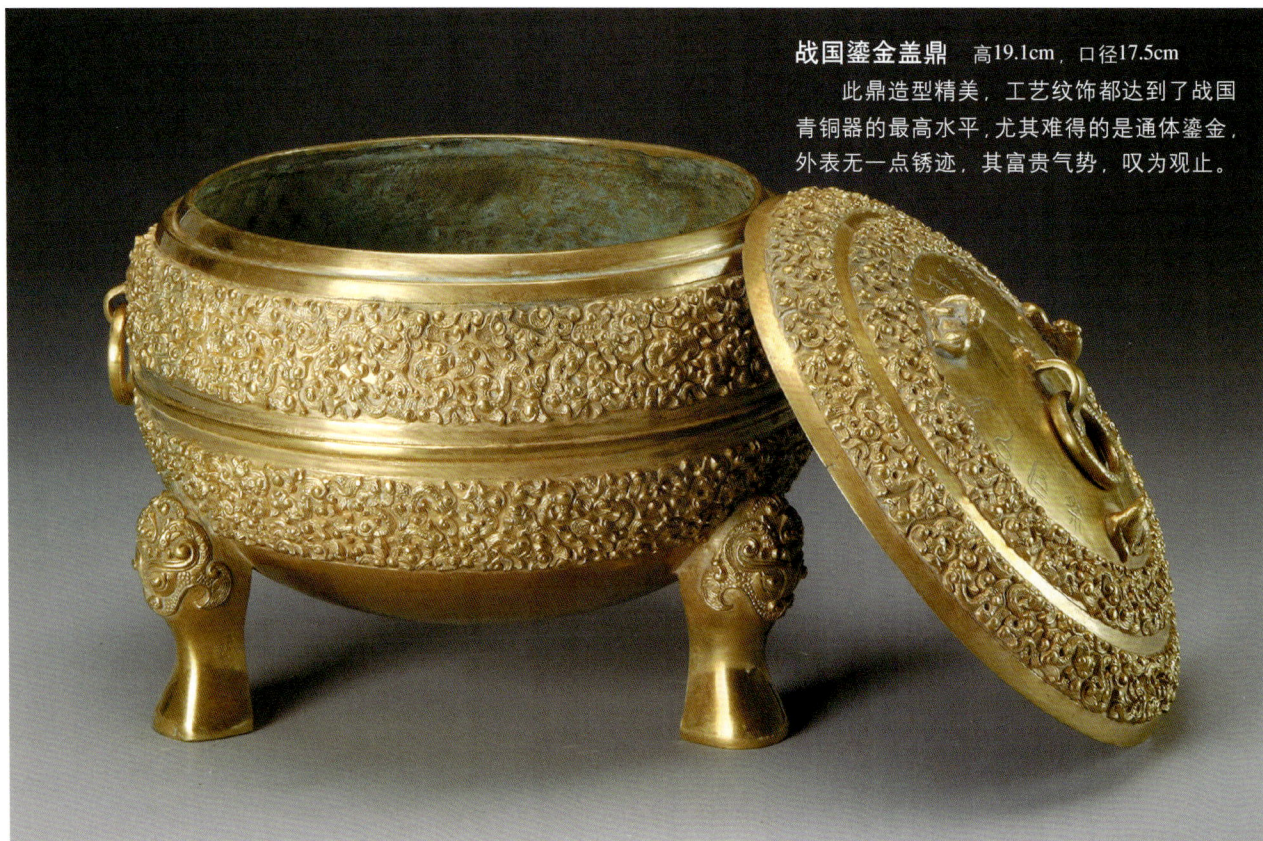

战国鎏金盖鼎 高19.1cm，口径17.5cm

此鼎造型精美，工艺纹饰都达到了战国青铜器的最高水平，尤其难得的是通体鎏金，外表无一点锈迹，其富贵气势，叹为观止。

商晚提梁卣　高45.5cm，口径16.9cm

　　提梁卣是商代酒器，此卣造型神秘奇特，似人似兽似神，曾被成为"神面提梁卣"，品相完好，弥足珍贵。

春秋青铜分体甗　通高32.3cm，口径13.1cm

　　甗是蒸制食物之器，此甗三足，两层，有盖，有环，造型奇特、工艺精美，包浆漂亮。容量不大，似非纯粹以实用之器，供祭祀和观赏之用。

西周方盘 长38.5cm，高18.6cm 西周时器 盥洗器

长方体，口沿向外平折，四伏虎形足，虎背各立一兽，以接盘体，两长边的外壁各附一对兽面铺首衔环耳，此盘铸造精良，形体较大，稳重厚实，有铭文。

商晚虎食人卣 高63.5cm，长44.7cm

虎食人卣，虎蹲在地，一人面虎相拥，双脚踩在虎足上，表情无恐怖状，提梁，有盖，盖上一鹿。商晚期盛酒器，同类藏品在日本泉屋博物馆和法国吉美博物馆各藏一个，尺寸比此器小许多，中国馆藏尚未见此类卣的记载。

此卣虎与人形态，中国惯于称为虎食人，日本称之虎乳人，亦有人理解为虎与人交媾，旨在从虎身上汲取力量，改善人种。

此卣造型宏大，品相完好，是商晚珍稀罕见精品。

商晚象尊　高38cm，长44cm　商后期

　　容酒器，通体作象形，象鼻中空，鼻腿粗壮。象鼻前端饰鸟纹，前额有一对蟠蛇，耳下有鸟纹，主体饰夔龙纹后部饰兽面纹和夔纹，前腿饰虎纹，后腿饰兽面纹。臀至尾有扉棱。全器共有各种动物和幻想动物十一种，一件器上饰多种物象，是商代青铜艺术装饰的重要特点。

战国武士举灯　高26cm

　　三虎分身衔环托其底座，一战国武士单膝跪地，昂首挺胸，双手举灯，威武健壮，充满自信，此灯高举，天下光明。

春秋冰鉴　高38cm，长36cm

　　冰鉴，又称缶，曾在曾侯乙墓出土过，是春秋名器。此乃春秋后期、战国前期之冰箱。冬季采冰窖藏，夏季取而享之，用于冰酒。冰鉴有方有圆，大、中、小号各异，此为小型。底部四只活泼的小熊弓身力托，周围八龙攀附，盖铸八十余条虺蛇纠缠于一体，尤显其精美无比。有盖有勺有铭文，相当珍贵。

西汉朱雀灯　通高57.3cm

　　西汉，照明用具青龙白虎，朱雀玄武，分镇四方。此灯是朱雀踏盘龙为座，展翅翘尾，成飞翔之态，口衔灯盘，盘中又有盘龙，威武端庄，有楚之遗风。朱雀颈上有铭文。此灯造型优美，结构合理，形制较大，应属是宫廷或贵族之家。

商晚青铜甗　高63.2cm　口径33.5cm　商后期

　　炊蒸器。器形为甑和鬲的合体。腰间有透空箅，侈口，双立耳，深腹，三蹄足。耳饰夔纹，甗颈饰兽面纹，腹饰变形夔组成的垂叶纹。造型浑厚凝重，花纹庄重典雅，工艺娴熟。

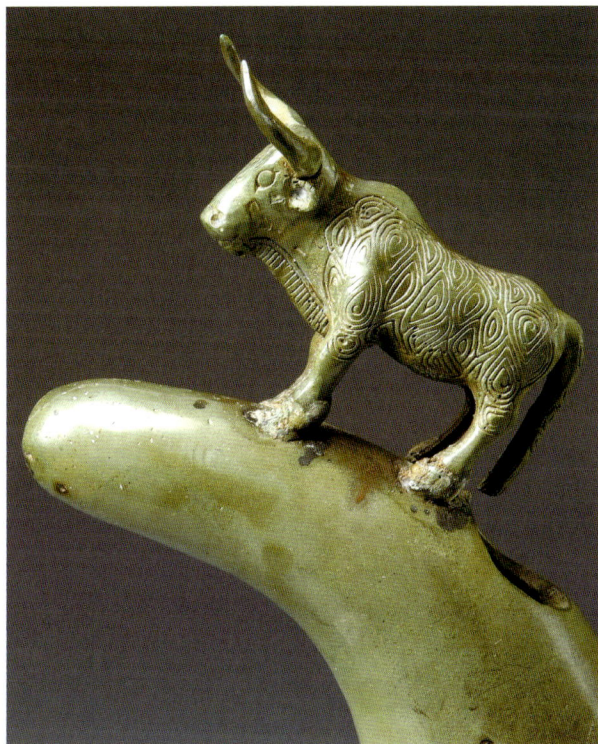

战国曲管葫芦笙 高26.3cm

乐器笙体仿葫芦形，簧管缺失，留有管孔五个分为两排，上排三孔，下排两孔，孔缘串通。器端铸立一牛，笙作为礼乐器战汉时已很普遍。

战国双兽轮盘 通高15.2cm，口径25.6cm 战国时盥洗器

敞口，浅腹，矮圈足下伸出折身双兽，其间置轴，装一轮。盘下另装二轮，每轮六辐，三轮都能转动，盘周有编织纹，双兽饰环纹、圆珠纹、鳞纹、变形窃曲纹等。兽作回首饮水状，构思巧妙，形制奇特。

西周九方鼎

　　天子九鼎，威仪天下，此套方鼎大小不一，依次九个。品相良好，锈色自然。更珍稀可贵的是每个鼎底部都有大量铭文，最大的鼎底有700余字，九鼎全部铭文超过3000字，字体端庄秀美，书写流利，极具研究价值。

战国方甗形器 高38cm

　　方形，组合器，下为炭炉，构造考究，有炉蒐，龙口形通风孔，掏灰口，中间一涮锅，有蒐，可蒸物，上有盖，纹饰精美，完整无缺，极罕见，不曾见于馆藏和一般图录。

西周牛觥

　　长45.5cm，高30cm

　　西周时酒器

　　造型如牛，牛头及牛背为盖，背立一昂首长啸之虎，尾垂为柄，四足壮硕，威武雄健。

汉错金银仕女举灯 高30cm

　　仕女长裙拖地为座，双手托举三灯，造型端庄大方，且全身错金银，工艺考究，使人喜爱。

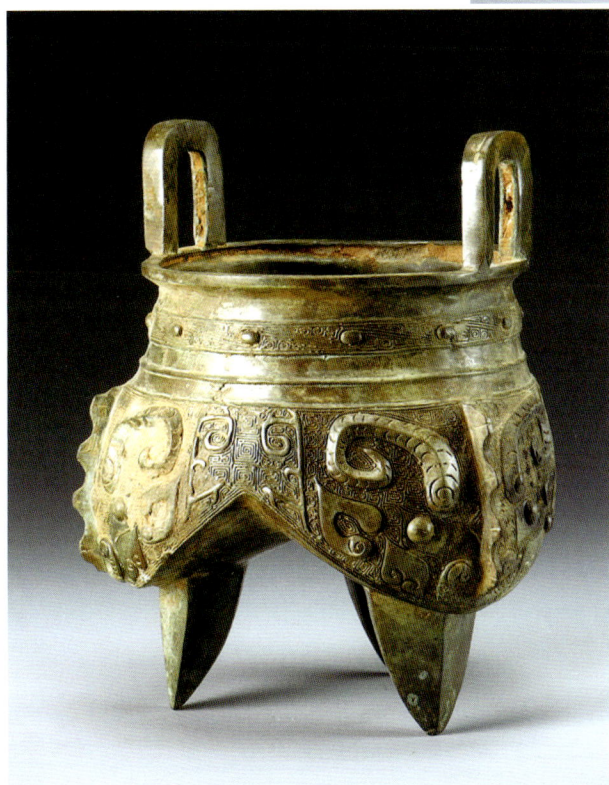

商鬲鼎 31口径cm，18.4cm 商后期饪食器

　　口内敛，宽沿外侈，圆方立耳，短颈，高分裆。腹部有三条棱脊。颈饰目雷纹，腹饰羊首形兽面纹。

战国错金虎食鹿器座 长36cm

虎形，身错金纹。错者，镶嵌也。在铸造时预留的浅槽中嵌上
金箔，磨平。一虎爪持鹿，口咬鹿颈，鹿足亦成支撑点，平衡稳定
成器座。造型生动逼真，很有力量。

战国错金银瑞兽

高18长27cm

非虎非狮，似虎似
狮，穿过岁月烟尘，从
战国时代奔来，昂首咆
哮，闻其声威。言之瑞
兽，镇家护宅。通体错
金银片或丝，绿锈生动
自然，工艺精邃，可观
可赏，实属珍稀。

西周人面盉 高29cm，口径18

西周时调酒器。椭圆体，敛口鼓腹、矮圈足，管状流，兽首贯耳。盖作人面形，细眉圆眼，阔鼻大嘴，器身饰龙纹，并有两爪从人面下合抱于流两侧，空隙饰龙纹，圈足饰雷纹。

汉代人托烛台 高26cm

镂雕底座上一汉代佩剑女子，面带微笑，双手各托一圆盘，可插烛。水坑器，包浆漂亮。

商晚象尊 高27.3cm，长38.6cm 商晚期酒尊

象同祥音，在动物题材中多有表现。此象尊四柱形足，象头和长鼻连同背上立鸟成一体为盖。

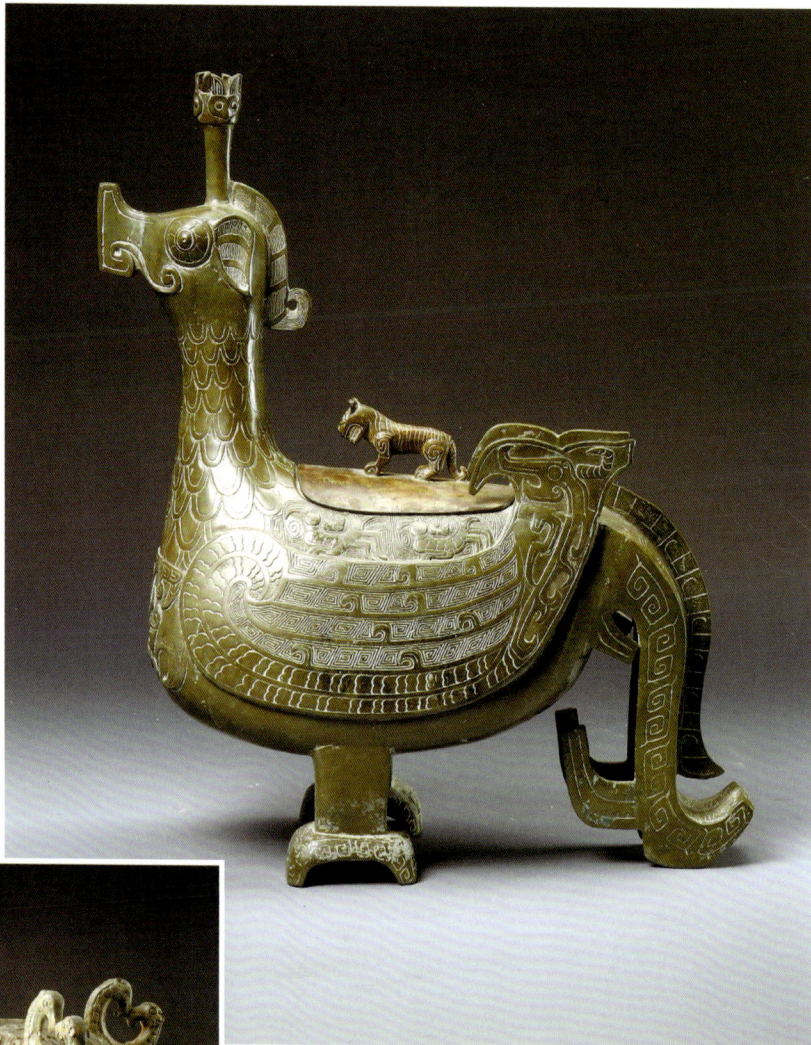

战国涂金神鸟尊　高33.5cm，长29.6cm　战国时酒器

　　鸟形，盖上立一幼鸟，全身涂金为饰。此金为以金箔和水银溶解，涂绘于器身，再用无烟之火烤，水银蒸发，金留器上。

战国方豆　通高33.5cm，口长20cm

　　豆是配于鼎和簋使用的盛放调味品的器具，圆形多，方形少，此豆两侧饰小龙，盖上有钮，有四个螭龙，盖和器严丝合缝，工艺精巧。

商斝　高48.8cm，口径22cm

斝为商代酒器，三角形外撇立足，筒体带柄，口沿立伞形双柱，水坑器，品相良好，成对尤稀。

商十字孔提梁方卣　高43.5cm，口径21.5cm 商后期 盛酒器

圆敞口，带盖，长颈，方腹，下承矮圈足。肩部两侧铸小钮，连接扁平状环形提梁。提梁两端作成倒置的兽首，内侧亦有小钮，通过蟠螭状钮与盖相连。方腹有透空十字槽穴。通体饰细条纹，颈部以上为目雷纹，方腹部为兽目交连纹。工艺复杂，设计精巧。

商出脊尊　高27.5cm，方口长18.6cm 商后期 盛酒器

造型修长秀美。敞口，长宽颈，鼓腹，高圈足，器表纹饰为多层浮雕，雷纹衬地，颈饰蕉叶纹，其下作回顾首夔纹，腹及圈足饰兽面纹。器身自上至下设四条侈出口沿的棱脊，凝重峻挺。

春秋簠 高21.5cm，长33cm 春秋后期
盛食器
　　器与盖形制相同，各有兽形双耳，
曲尺形足，惟盖口有六兽面形衔扣。
阖上为一，分开为二。

战国三鸟盖兽尊 长36cm，高28cm
战国时器，又名牺尊
　　常见无三鸟盖器，推断是器座，
中间有凹进一碗状器，或可温酒。但
此尊有三鸟为盖，造型奇特，水坑，
品相极好。

汉代一马车 长49.9cm，高28.5cm
　　汉代陪葬器，出土前浸泡在水里，
与氧气隔绝，经两千多年时间，生成
碧绿皮壳，如玉似翠，非常美丽。

商晚尊

高47.7cm，口径23.7cm，商晚酒尊，又名瓿

三兽首为饰，长颈，颈上有横箍，纹饰细致美丽，包浆厚实自然。

西周青铜觥 高22长40.5cm

觥是商时开始使用的酒器，先有尊、卣而后有觥。造型各异，常见多种动物汇成一体，有柄，有的有盖。从商延续至西周，乃典型器物。此觥造型若虎非虎，鹰面人形扁足，是水坑器，包浆深厚，皮壳美丽光泽，如玉似翠。

汉立人三枝灯 高47.5cm，底径20cm

汉代器物，圆形器座，立人双手和头部各顶一花瓣式灯盏，也可作烛台，造型奇特，工艺精良，是汉代青铜器登峰造极之物，此后青铜走向衰落，渐被铁器所取代。

汉代双马车 高29cm，长48cm

汉代殉葬器 水坑，品相好。

藏家 山东·隋立川（崂山居士）

战国双兽香熏　高47cm　战国时器

　　双兽为座，中间圆柱托起一圆球形香熏，有盖，盖上立一展翅之鹤，造型优美，水坑，皮壳碧绿，无锈斑。

藏家　山东·隋立川（崂山居士）

5

青铜诗章

纪 宇／作诗

致一面青铜鼓

肌肉绷紧，血流奔突，
两个血气方刚的力士，
用肩膀，用脊力，用意志，
扛起惊天动地的青铜鼓。
好一面饕餮纹的铜鼓呵，
喋血的声音已经生锈，
骚动的灵魂仍在跳舞；
苍凉的鼓面已经蚀透，
人面的纹饰裸露筋骨。

呵，青铜鼓，青铜鼓，
宗族庙堂的祭祀之物。
霹雳之家，弹药之库；
雷公之头，电母之腹。
真在地下沉睡两千多年，
一出土，便惊世骇俗！
何必鉴定你的新旧，
你不见于任何图录；
不用细究是真是假，
赝品怎有如此气度！

两只神鸟站在鼓顶，
为谁欢叫，为谁张目？
为什么没有飞去天边，
却甘愿随着鼓点入土？
莫非在等着重出，衔走我，

粘有红斑绿锈的诗赋？
我抚摩你，青铜鼓，
我观察你，青铜鼓。
想起五千年文明史，
想起大中华崛起路；
炎黄子孙，制鼓国度，
轩辕后代，擂鼓民族。

呵，青铜鼓，青铜鼓，
木腔牛皮鼓摹仿之物。
你并非以声作用于耳，
分明以灵魂激荡肺腑。
谁若不信，能把新品，
做到这个鼓的程度，
我就佩服！毫不含糊！
我愿意给它赋诗张目：
青铜鼓，我的青铜鼓，
我梦中追寻的青铜鼓；
青铜鼓，我的青铜鼓，
你来寻找我的青铜鼓。

擂起来吧，龙的子孙，
世界请看，龙在飞舞！

又一个尊盘

哦，尊盘，我很熟悉，
穿过三千年岁月来到这里。
我曾在博物馆里端详过你，
你有一个很轰动的名字，
——曾侯乙。

哦，又见一个尊盘，
你全身瘦骨嶙峋，
被岁月腐蚀得斑驳陆离。
你特意来到我身边，
要告诉我一个什么消息？

你是新的，还是老的？
如果是老的，主人不是曾侯乙，
那你是谁，来自哪里？
我上下前后寻觅，
找不到能证明你信息的字迹。

你如此复杂地勾连，
那无数小蛇一条条编织，
那四只龙足一层层联系。
四个透空附饰何其精美，
八条方形龙，形足神毕。

量你尺寸，与图录稍有差异，
看你的形体，斑斑锈迹。
一重重脱落的是时间之屑，
一道道显示的是历史印记，
你带来春秋时代什么秘密？

找某行家看，说是新的：
"那尊，那盘，是国宝级！
国宝怎么会在你手里？"
找众藏友看，断老无疑：
"谁说是新仿，说出根据！"

图录说你是绝无仅有，
文献说尊盘是失蜡法铸造，
仿造，还仿不出这种工艺。
我曾在网上见过仿品，
那形态和意味不可以道里计

哦，尊盘，我很痴迷，
在你面前，莫要失去判断力。
究竟是新是老我且慢研究，
反正你现在已不是唯一，
先把这些诗句熔铸在心里……

龙耳虎足方壶

叹我华夏先祖，
想象力何其丰富！
何人何宴何饮，
竟用如此酒壶？

壶高三尺出头，
一对龙耳虎足。
一派帝王风范，
顶天立地气度

装上三斗琼浆，
醉倒四海五湖。
这酒是谁酿造，
天之精，地之露，
醉了两条小龙，
醉了一对猛虎。

才有这，威武扁壶
龙贴耳，虎成足。
壶冠上挣起身，
三十六条小蛇齐舞！
龙贴壶耳大睡，
虎驮酒壶阔步。
四个力士伺酒，
倾倒酒成泉湖。
可曾为五霸助威，
可曾识秦皇汉武？

醇酒不饮也醉，
招饮李白杜甫。
五百杯后趔趄，
月摇树影来扶。
"去！"却听日月感叹：
"乾坤悬浮于壶！"

青铜甗联想

甗，祖先的炉灶，
甗，祖先的蒸笼。
中间一个子母扣，
箅子如花瓣连通，
既能煮山鸡野猪，
也可蒸米麦糕饼。

煮熟了瓜菜薯茎，
蒸透了三牲五供。
说大真大，关系部落存亡，
说小不小，连着肠胃蠕动。

你是电饭煲的刍形，
你是微波炉的先行
一程程，走向进步，
一步步，走向文明。
我看着这个甗，
眼前有炊烟飘动；
从陶锅到青铜甗，
人类走过了多少秋冬。

我们都是来自远古，
虽不见祖先遗踪。
可谁能说我们的亲祖，
不是这个铜甗的主公？